本著作系北京电影学院科研成果

城市空间的电影声音建构

北京篇
（1978—2018）

张晓月　著

中国广播影视出版社

图书在版编目（CIP）数据

城市空间的电影声音建构 . 北京篇 : 1978—2018 /
张晓月著 . -- 北京 : 中国广播影视出版社 , 2021.8（2025.2重印）
ISBN 978-7-5043-8665-6

Ⅰ . ①城… Ⅱ . ①张… Ⅲ . ①电影－关系－城市建设
－研究－北京－ 1978-2018 Ⅳ . ① F299.271 ② J905.2

中国版本图书馆 CIP 数据核字 (2021) 第 103152 号

城市空间的电影声音建构——北京篇（1978—2018）

张晓月　著

责任编辑	王　佳　刘雨桥
装帧设计	元泰书装
责任校对	张　哲

出版发行	中国广播影视出版社
电　话	010－86093580　　010－86093583
社　址	北京市西城区真武庙二条 9 号
邮　编	100045
网　址	www.crtp.com.cn
电子信箱	crtp8@sina.com

经　销	全国各地新华书店
印　刷	三河市同力彩印有限公司

开　本	787 毫米 ×1092 毫米　　1/16
字　数	150（千）字
印　张	13
版　次	2021 年 8 月第 1 版　　2025 年 2 月第 2 次印刷
书　号	ISBN 978-7-5043-8665-6
定　价	69.80 元

（版权所有　翻印必究·印装有误　负责调换）

序　言

　　电影中的声音是展现时代背景的重要手段，电影中的对话、音乐及其他所有声音构成了电影的"声景"。在视听艺术作品中，声景的运用是艺术创作的重要手段，是电影语言的一种重要形式。一个城市在人们的语言、生活用具、交通工具、自然环境等方面有别于另一个城市；不同的历史时期，不同的季节，同一个城市的声景也都有所不同。正是由于声音中所呈现的地域与时代特色的差异，电影中的声音就具有了很强的表现性。当人们听到熟悉的声音时就不由自主地被带入那个熟悉的环境或时代。

　　电影是时代的产物，影片中的声景也不可避免地被打上了时代的烙印。从电影声音的角度来透视社会的发展与变革是一个新角度，从这里不仅可以看到不同地域随着时代发展变化，也可以看到不同地域、不同时代创作者声音运用手法的变化，从而看到电影艺术本身的发展与变化。特别是横向关照到不同地域、不同时代的其他艺术形式时，结果可能就更有研究价值。

　　这本著作的视点是一个较新的角度，即从电影声音的发展变化看社会的发展变化，以北京改革开放四十年中的电影为研究对象。改革开放四十年的北京处于特殊的历史时期，发展与变化幅度大，具有鲜明的代表性。这四十年中电影的发展也是超越性的，无论从创作手法与手段运用上都是如此。研究这个时期电影声音的变化与对社会生活的反映也具有鲜明性和代表性。

北京电影学院声音学院教授　黄英侠

2021 年 8 月

前　言

　　空间转向的研究视域为电影声音艺术创作打开了一个理论研究的新窗口。在思考电影、城市空间关系的大框架下，本书选择改革开放这一特殊历史时期，选择北京这座现代化转型的城市中最具中国特色的代表，从文化现代性的角度研究分析电影声音艺术创作与当代城市发展的互动关系。

　　电影创作者沿用世俗笔法勾勒着北京这片兼具传统与现代特征于一身的文化土壤，通过声音艺术手段或独立或与画面共同建构现代化进程中的北京。在改革开放的历程中，电影声音建构的北京在迷茫挣扎的常态中，在对现代化的追求中逐渐远离了传统，随着改革开放的阶段性发展，逐步体现出对国际化大都市的追求成果，但传统北京依然是文化根脉与精神家园，一些传统的地域特色声音元素依然被保留下来，成为北京形象的组成部分，体现出国人历来对北京的"永恒"定位。

　　在空间研究中，城市是重要的研究对象之一。从文化演变的角度来看，城市式的居住方式是人类文化成熟的标准之一。"北京"名词的内涵和外延非常广阔，北京从 3000 多年前的西周"蓟"城时代就以"城"之名被纳入中国文明史中，此后自辽代开始又拥有 800 多年的建都史，因而从城市的角度对它进行探讨是必然的。在电影研究和文化研究的范畴内，北京与"城市"概念联系在一起，有的文人称北京是一座田园式的城市，有的文人和电影研究者称北京是具有强烈乡土气息的城市，有的研究者称北京是现代化城市，无论定语或修饰词如何随视角和时代变化，但主语依然落在"城市"二字上。北京是中国第一大城市，也是自元、明之际就开始令世界瞩目的中国首都。

在中国电影发展历史中，"1905 年""定军山""谭鑫培"几个关键词都与中国人自己摄制的第一部电影紧密联系在一起，由此，北京走入了电影的历史，北京的历史也丰富了电影的内容。然而，北京在《定军山》中是隐性存在的形态，北京酝酿的艺术——京剧，其作为文化符号凸显中国电影的"影戏"传统，证实中国电影在无声电影时期选择题材的时候也有着隐性的声音考量。从声音的角度来看，中国无声电影与京剧的结合有其隐性的偶然与必然。中国电影、北京、声音三者从一开始就密不可分。

《定军山》（1905）后，北京作为一座城市和一种人文环境就在电影的世界里淡化了，但它依然与中国电影的几个"第一"相关——1930 年《歌女红牡丹》是第一部展现人物的京剧背景与京剧唱段的有声片；第一部片上发音的有声片是《旧时京华》（1931）；在北平拍摄的《自由之花》（1932）获得 1933 年第一届全国国产影片评选大会"有声片一等奖"；中国的第一部彩色片、第一部采用磁性录音技术的影片为京剧艺术片《生死恨》（1948）。中国人自己拍摄的第一部电影、中国第一部有声电影、中国电影人第一次采用便携录音设备进行外景拍摄的电影、获得中国教育电影协会第一届全国国产影片评选大会一等奖的电影、中国第一部彩色片也是第一部采用磁性录音技术的影片均与北京这座城市、和北京相关的艺术形式、北京话相联系。可见，1949年前的北京为中国电影提供了丰厚的文化土壤。

1949年新中国成立后，北京成为国家的首都，北京成为电影中心，在当时的电影语境里，20世纪三四十年代的北平生活与文学作品以及新中国成立前后北京的现实状态都是电影创作的素材来源和文化土壤；新社会的精神面貌和各种现象与问题成为影片表现的重点，北京更多地与"首都""政治中心""新社会"相关联，北京的新社会色彩和首都气象在电影中得到充分展示，北京依然是新中国电影的文化土壤。从电影声音的角度来说，声音是这个时期电影艺术革命化塑形的重要手段；从另一个层面看，这一时期北京作为首都有着特殊的资源优势，全国只有北京电影学院一所院校招收录音专业的学生，并对全国各电影制片厂录音人才进行培训，北京具备与电影声音有关的得天独厚的资源优势和话语优势。"文化大革命"的十年中，中国电影受到高度政治化的社会形态与追求的强烈影响，但京剧在非常时期依然延续着它的文化魅力。作为十年中典型的以及几乎是唯一的传统艺术形式，电影又在声音层面与京剧形成时代造就的"唯一性"关联。这个时期的中国电影没有"北京"，但北京的文化依然深深根植于革命语境中。

改革开放进程中，外来文化对中国人影响很大。但值得庆幸的是，北京丰厚悠久的历史与人文积淀在受到沉重打击后其根脉并未被切断。在这个飞速发展的时期，北京在很多方面超前于其他城市，对世界的积极融入逐渐在改革开放中展现出文化自信。无论是作为首都，还是资源优势集中的直辖市，抑或是传统的载体，北京都在电影人眼中散发着魅力。随着改革的不断深入，北京题材的电影呈现多元化的创作面貌，从各种角度观察、反映、建构着现代化进程中的北京，北京作为首都、都市、家园、文化中心的形象立体而丰富地呈现在中国电影中。这种呈现过程和呈现结果比以往各个历史时期都更多元、更复杂、更具有吸引力。本书即要剖析：在这复杂多变的社会、文化的现代化转型中，北京作为文化基础和创作来源如何根植于中国电影；中国电影与北京的发展形成了怎样的互动关系；中国电影如何建构这一时期作为首都、都市、家园、文化中心的北京；电影建构北京的过程中，电影声音的功能与影响在哪里。

目 录
CONTENTS

第一章

电影声音建构的基因与时代特性

20 世纪 80 年代文化界对内兴起"寻根热"与"文化热",肩负社会使命找回传统,同时,在新鲜的西方艺术现象面前,人们开始对西方文化与艺术追根溯源,引进和学习西方理论并进行思考。浪漫主义、新古典主义、现代主义、后现代主义几乎同时进入中国人的脑海,种种主义纷至沓来打乱了中国本身的传统。一百多年来,一代又一代中国人开始选择性地接受西方思想,用西方的思维方式和逻辑用词进行思考和行动,中国从物质和精神上都随着经济全球化的趋势逐步进入世界体系。然而,文化终究是有延续的,不会被短期的混乱所完全斩断,传统文人与艺术家在中国封建社会末期面临帝国主义侵袭时,其情感与态度通过作品加以表现。帝制的衰落和新文化运动的兴起使得艺术的表现对象从皇权慢慢转向平民,亦可从西方艺术发展流变角度视为启蒙运动兴起后逐渐世俗化的视角。中国的近代、现代和当代艺术家面临着不同时期、不同阶段的现代化影响,几乎都选择用世俗化的勾勒再现他们眼中的世界,主旨是以人为表现主体,对人性的挖掘与期待。

电影也不例外。1978 年以后,由"第五代"充当先锋、"第四代"回归创作而形成的新时期中国电影的巅峰作品,强有力地展现电影创作者对人性的思考和展现,中国电影界提出"电影语言现代化",思考人性探讨要与现代电影语言共同发挥优势,使中国电影艺术达到新的高峰。无论是新时期拍摄过往题材的电影,还是表现与时代同步的故事,这种现代手段和世俗化的视角在电影文本中表露无遗,形成了新时期电影创作的本质特征。40 年后回望，值得回味的是，当电影人接受了西方艺术的熏陶后，所做的依然是促进本国电影发展，延续了千年来中华文化对外来文化的态度，使先进文化融入本民族的血液，促进本民族文化的进一步发展。

1978 年后，电影创作深受文学领域的影响，文学读者是观影群体，同时现实主义的主流追求使得多数北京题材的电影改编自同时期的文学作品，因而在 20 世纪八九十年代和 21 世纪，电影都与文学形成了"交相演绎"的创作现象。北京题材电影的成功案例多为原文学文本就已获得高度评价的作品，如《骆驼祥子》（1982）；有着深厚现实主义根基的作品，如《如意》（1982）；有着广泛观影粉丝的作品，如《万物生长》（2017）。北京题材的电影创作也深受音乐、戏剧、美术等艺术的影响，如以摇滚乐为代表的《头发乱了》（1994）、《顽主》（1988）等，受戏剧影响的《像鸡毛一样飞》（1990）等。电影对北京的建构呈现与其他文艺形式一致的总体趋势。所有文艺创作都根植于北京这个现实的城市土壤，反映着她 40 年来的剧烈变化，表达着对这座城市的复杂情感与态度。电影创作来源于现实，也进一步建构了北京，其中电影视听语言的重要组成部分——声音，与北京从中国电影诞生之日起就有着天然关联，这种由政治、经济、文化、社会因素决定的关联在 1978 年以后仍在持续。

第一节　老城巨变：从传统走向现代

1978 年中国开始实行改革开放，至 2018 年，改革开放进行了 40 年，全民族仍然在加速飞跑的道路上行进。中国人开始放眼全球，彻底摆脱 1840 年以来积贫积弱、落后挨打的局面，自信心在逐步恢复，这必然要归因于改革开放。

中国成功实行改革开放有着深厚的民族精神支撑。"中国人民具有伟大梦想精神，中华民族充满变革和开放精神。几千年前，中华民族的先民们就秉持'周虽旧邦，其命维新'的精神，开启了缔造中华文明的伟大实践。自古以来，中华民族就以'天下大同''协和万邦'的宽广胸怀，自信而又大度地开展同域外民族交往和文化交流。正是这种'天行健，君子以自强不息''地势坤，君子以厚德载物'的变革和开放精神，使中华文明成为人类历史上唯一绵延 5000 多年至今未曾中断的灿烂文明。以数千年大历史观之，变革和开放总体上是中国的历史常态。"[1]

虽然变革和开放总体上是中国的历史常态，但改革开放 40 年有它的特殊性，它是北京有史以来发展速度极快的一个时期，深受世界现代化进程

---

[1]　习近平：《在庆祝改革开放 40 周年大会上的讲话》（2018 年 12 月 18 日），据人民网：http://www.xinhuanet.com/politics/leaders/2018-12/18/c_1123872025.htm。

影响。自 1272 年（元至元九年）元大都定名，北京成为全国政治中心，历经明、清两朝，再经民国、日据时期，直至 1949 年新中国成立，朝代更迭、政治兴衰、意识形态变迁等不可谓不巨大，但北京的城市规模大抵从明清时期以来变化不大，今二环路以内的老城区为人们认识中的老北京城，北京人的活动范围绝大部分在此区域内。这种局面至 20 世纪 90 年代才彻底改变。本书以北京老城区为空间上的主要研究对象，从历史到现在，老城区是北京固定的、中心的、兼具传统与现代于一身的区域，从这个区域的人的活动、物的变化、事情的发展映射出如今大北京的变革，最具有代表性。

老北京城的区域和规模自明清以来逐步形成。所谓"东富西贵"，现东城、西城区（不包括近期被合并在一起的崇文区和宣武区）大都居住着贵族、官僚、富豪，这个范围被称为明清时期的内城，城市平民和贫穷人民基本都聚居在内城以南的外城。清朝随皇帝一起进入北京的满族八旗子弟占据内城区域居住，大多数汉人包括汉族官吏（例如清朝的大学士纪晓岚）在外城居住，汉人聚居逐渐形成商业繁荣的前门外区域，这里有繁华的商业街、各地驻京会馆，也有热闹的庙会，还是三教九流人员集中的地区，满族底层人民也居住在这个区域。外城依然是由胡同和四合院组成，但会馆和一些院落就由底层人民杂居在一起，如电影《龙须沟》（1952）中所描绘的地区情况。清末民初，由于社会动荡、封建王朝衰亡、满汉长期融合等因素影响，内外城分割界线逐渐消失，人群居住区域的选择不再受到封建统治者决策的影响。解放后，老城区中基本的居住空间是胡同中一直存在的四合院（2000 年《黄连·厚朴》）、近代所建小洋楼①（1994 年《吾家有女》）、解放后所建的低矮简易楼（1995

---

① 1940 年年末，现代化楼房约占北京总建筑面积的十分之一，一般为低层建筑，北京饭店和六国饭店成为雄踞全城的高楼。北京市社会科学院编.今日北京 [M].北京：北京燕山出版社，1986：57.

年《混在北京》)、六层以下的筒子楼（1981 年《邻居》)、钢筋水泥的单元式楼房（1987 年《鸳鸯楼》)。新中国定都北京使这里的人口开始急剧扩张，除原有常驻人口外，中央各直属机关、部委均落户北京并且规模逐步扩大，小洋楼、简易楼、筒子楼、单元式楼房一般都是各单位分配的住宅，亦有很多四合院在新中国成立后为单位办公及住宅所用。北京原有的四合院规模不足以支撑如此多的机关用房和众多人口的居住需求。因而，极多的四合院变为几家共住的杂院，比较清静的分配方式是正房、东西厢房、南房各一户（1994 年《红尘》)，但这种情况随着人口的增长不断变化，逐渐演变为正房及其耳房被分拆给三户，正房和东西厢房之间还会搭建小房以住人，东西厢房各一家，南房可能有一家或两家（1992 年《我的九月》)。即便如此，局促的空间依然不够用，很多单位将院落拆掉，原地盖起简易楼或筒子楼，楼房也慢慢变得拥挤不堪。同时，军队、研究单位、工厂等则在西长安街一线兴建了军队大院、科研单位楼群、工厂生活区等（1979 年《瞧这一家子》)，这些区域居住的大部分人是来北京工作的外来人员。东二环以外的地区逐渐变成工厂，也形成了很多工业生活区，铁路两旁也形成了很多平房区（1989 年《本命年》)，其形制不能被定义为老北京的胡同。

　　1990 年后，现代化建设深入北京，北京开始大拆大建，这一过程持续到 2008 年才基本完成。许多胡同的两端被慢慢拆掉，还有更多的胡同被整片拆掉。1950 年开始的拆城墙、城楼工程只留下了北京 11 座城门中的德胜门城楼，但北京的基本面貌依然变化不大，1990 年开始兴起的深受南方模式影响的房地产开发热潮才使北京老城区面貌发生巨大变化，

　　①　《看 70 年来首都行政区域划分是如何变迁的》,《北京日报》2019 年 3 月 4 日,http://www.beijing.gov.cn/renwen/sy/whkb/t1579263.htm。

许多北京人在整片胡同拆迁后搬到二环以外，甚至五环以外的新建小区。"20世纪末，全市251.1万城市居民住户，约有60%住进了单元式楼房"①，留下的通常为政治地位或经济地位优越的人群或中低层人群中的老弱病残群体。然而胡同不会因人的搬离而消失，杂院中的房屋由于面积小房价相对低廉，迎来很多低收入人群、打工者等外来住户。老城区胡同内部不为人们所重视，杂院私搭乱建，公共空间极为狭窄；胡同道路脏乱差，下雨下雪时道路泥泞不堪；公用厕所一直为居民所诟病。《北京旧城25片历史文化保护区保护规划》于2002年2月由北京市政府批准，30片胡同区域被保护起来，并不断进行危房改造、人员疏解等工作。

北京人的日常生活、工作的空间范围由此突破二环，延展至三环、四环、五环、六环。北京二环以外的面貌在20世纪90年代以后飞速变化，"由于空间、采光等需要，现代住宅向空中发展，楼与楼之间也必须留有间距；楼与楼的不连接性和各自的独立性，使得楼房或楼群已不能形成连成一体的街巷和胡同。这样，许多街巷胡同消失了，有的转化为楼房林立的'街区'和'社区'；一些地方建起了带'围墙'的社区"②，形成了类似辽金甚至隋唐时期的带墙的"坊"，而没有延续元大都时期"草原上的蒙古人不设墙的习惯"③所建的无墙之"坊"。2018年，北京已经开始修建七环路，京津冀一体化进程启动，北京城市的概念和面貌发生了极大改变。

城市急剧扩张背后的根本原因是人口的大幅度增长。据《北京志·人口志》记载："至光绪八年（1882年）北京内城、外城人口已达73.9万人，

---

① 北京市方志馆编著.北京地情概览[M].北京：科学出版社，2016：105.

② 段柄仁主编.北京胡同志（上）[M].北京：北京出版社，2007：22.

③ 段柄仁主编.北京胡同志（上）[M].北京：北京出版社，2007：19.

形成了'户口日繁，待食者众，无余财给之，京师亦无余地处之'的局面。"① 这说明在清末对于北京内城和外城的胡同、院落来说，100万人口已是极限。新中国成立后，据《北京市人口统计资料汇编》中的数据显示，1949年年底北京常住人口为203.1万人（按当年区划计），其中非农业人口164.94万人，虽未见详细的内外城人口统计，但内外城至少应有100多万人。1950年在《关于中央人民政府行政中心区位置的建议》，即所谓"梁陈方案"中，当时"整个行政机构所需要的地址面积，按工作人口平均所需地区面积计算，要大于旧城内的皇城。（所必须附属的住宅区，则要三倍于此）"② 而这个计算还没有包括老城区之内原有的居民。可见，在梁思成的城市规划理念中，对老城区而言，100多万人已是极限，因而梁思成提议另建新城以供新中国中央行政机构以及调入干部及其家属居住用。现实中，北京街巷数量达到历史高峰，目的是为解决老城区的人口激增问题。1978—2018年的40年内，这座城的常住人口迎来历史之最。北京市统计局数据显示，1978—1985年，北京常住人口从1978年的871.5万人增加到1985年的981万人；据北京市统计局和国家统计局北京调查总队2019年1月23日发布的《全市（北京）年末常住人口》显示，2018年年末，全市常住人口为2154.2万人。如果加上不可数的流动人口，北京人口总数应在3000万以上。

1978年以后，北京人口的急剧扩张表明城市现代化正在加速进行，中国社会处于快速转型中。农村劳动力在20世纪90年代初受到邓小平南巡影响得到彻底释放，充满活力地涌入大城市，在南方成为"珠三角"的改革先锋，在北京则快速成为北京现代化改造的助手。北京作为首都，

---

① 姜涛．清朝疏解北京人口：鼓励退休官员回原籍养老 [J]．决策探索，2017（9）：60．
② 张仁忠．北京史（插图本）[M]．北京：北京大学出版社，2009：260．

同时作为政治、经济、文化中心不可避免地朝国际化方向发展，北京不仅吸引各行各业的精英及从业者，还张开双臂迎接世界。北京在这20多年中，因改革开放增添新的活力的同时，也面临着与其他国际大都市一样的历史经历和现代性问题。对北京的现代化进程所引发的变化，人们由不适应到接纳、拥抱，仅用了不到40年的时间。

无论纵观全局，还是着眼于微末之处，改革开放在已经过去的40年持续对北京产生前所未有的深刻影响，然而改革开放仍然处于进行时。2019年1月，在改革开放40周年庆祝大会胜利闭幕之后，北京市政府正式迁往通州，这是一个历史的、时代的节点，改革开放40年与北京形成了一种特定的过去式联系，探讨改革开放40年北京的变化正当其时。

如此充满活力的40年，必然会在艺术层面留下深深的印痕，电影与其他艺术形式忠实又反思地记录着这个令世界惊诧、得以载入史册的大转折阶段。

第二节　根脉传承：艺术共性与特征

经济基础决定上层建筑，改革开放以经济为驱动力，全面深入地对中国文化艺术产生了深远影响。文艺作品创作内容和艺术演变、经济发展、社会政治变革有着复杂的依存关系。改革开放以来，国人生活水平不断提高，这促使人们追求更高的生活品质及精神满足，在传统文化和外来文化的双重影响下，人们的审美情趣也悄然发生变化，中国文艺在40年中蓬勃发展，根植于中国社会与人民，并且建构着时代、生活与空间的变化，电影与其他艺术形式一起共同面向这个变革时期。

艺术是人类对客观世界的审美活动方式，各门类艺术之间存在艺术共性。同时，电影这门视听艺术在自身发展过程中不断吸收文学、音乐、戏剧、绘画、舞蹈、建筑、雕塑等其他艺术形式的影响。例如，文学、戏剧、戏曲的创作视角与创作方法以及美学观念等深刻影响电影文学创作，深入影响着电影叙事；美术的造型、构图、材料、美学观念等深刻影响电影摄影与电影美术创作；音乐的表现形式与手法、情感表达、发展潮流等是电影音乐创作的根基，音乐领域的技术成就和审美潮流带动电影声音技术与美学变革。在进行电影创作时，创作者不可避免地需要从其他艺术作品中汲取营养，获得灵感。因而，电影的创作现象必然与其他艺术形式具有共性，其艺术创作规律和文化表达必然与其他艺术形式有相通之处。具体到电影中的声音创作文化现象时，更不能孤立、片面地进行探讨，需要建立在对其他艺术形式的研究基础上。

一、北京建构的传统脉络

（一）老北京文化建构嬗变

现代大众对北京的印象与感受主要来源于晚清至民国时期产生的文艺作品。

清末民初，由于封建王朝的没落，文学、绘画领域皆关注世俗民情的表达，出现了既结合传统又追求现代理念的作品。王一波经过分析旗人蔡友梅和穆儒丐的小说后认为："清末民初的旗人小说普遍使用生动的白话民间语体进行创作，叙事角度紧贴大众，大量描绘了当时北京的城市风貌和平民的日常生活，成为'文学中的北京'现代性想象之开端，有承上启下的历史作用。"[①]那个时代关于北京的绘画以风俗画为主，体现着北京的传统风俗特征，而绘画主旨则体现出画家的现代思想，出现了文化意义上的"京津画派"。其中，陈师曾在西方美术浪潮强烈涌入中国画坛的时代中，主张革新文人画，他运用速写或漫画的纪实性手法绘制北京，所画《北京风俗》册页"以北京地区的风俗人情入画，打破了清末民初以来人物画传统而又单调的局面，将普通的市井百姓纳入创作范围，更是其革新中国画思想的具体体现"[②]。以《北京风俗·墙有耳》（约1914—1916年，中国美术馆藏）为例，石岩里人认为其"映现了民国初

---

① 王一波.清末民初旗人小说中的北京形象 [J].北方民族大学学报（哲学社会科学版），2018（5）：161.

② 王明明主编.二十世纪人物画品读 [M].南宁：广西美术出版社，2014：20.

年政治风云的变化，也表现了他对民主自由的向往，开现代风俗画之新风"①。

1915 年新文化运动爆发后，参与文化革命的文人对北京进行了情感表达和书写。李明认为 1917 年至 1927 年北京书写是客观化的，"新文学运动初期的北京书写更多地将北京作为空间场域及落后、封闭、贫陋的代名词，具有象征色彩。"② 姜异新通过鲁迅的文章回望北京"现代性最初的蹒跚学步"③，认为北京的现代性从一开始就是矛盾的，鲁迅眼中的北京是"前现代"④ 的。孙郁认为"鲁迅笔下的北京都很特别，大多是灰色的。失望于民俗的鲁迅，更加关注思想革命和精神的现代化"⑤。张波单独论京派文人周作人、何其芳、卞之琳笔下北京形象，认为 20 世纪 20 年代京派文人笔下的北京是"沙漠"，"那些古老文明如巴比伦般都被毁弃于漫漫黄沙之中，余下枯冢与黄昏散在大漠的无边苍凉之中"。⑥ 很多学者认为启蒙学者眼中的北京形象是批判的，"周作人 20 世纪 20 年代就已经开始表达对当时中国现实的关切与批判，而其中关于现代资本主义的侵蚀，也成为考察的部分。"⑦ 沈从文将北京作为都市文明的代表进行全面批判，都市对他来说是冷漠的，都市人是虚伪、自私的。在钱锁桥先生看来，"以胡适与鲁迅为代表的'现代中国的知识结构'所生成的话语实践，深刻

---

① 甘险峰. 中国漫画史 [M]. 济南：山东画报出版社，2008：68.

② 李明. 论新文学初期（1917—1927）的北京书写 [D]. 江苏师范大学，2017：5.

③ 姜异新. 徘徊于文本内外的"现代性"——北京时期的鲁迅与鲁迅的文学 [J]. 鲁迅研究月刊，2005（7）：25.

④ 姜异新. 徘徊于文本内外的"现代性"——北京时期的鲁迅与鲁迅的文学 [J]. 鲁迅研究月刊，2005（7）：36.

⑤ 孙郁. 鲁迅眼里的北京 [J]. 鲁迅研究月刊，2001（7）：72.

⑥ 张波. 论京派文学图景中"北京形象"的生成 [J]. 黄冈师范学院学报，2011（1）：80.

⑦ 张波. 论京派文学图景中"北京形象"的生成 [J]. 黄冈师范学院学报，2011（1）：81.

影响了中国现代化进程"。① 也就是说，中国启蒙者对北京、对现实的不满，对其现代性的批判态度一直影响后来的文人与研究者。

20世纪20年代至30年代，文人看待北京的视角发生了变化，从完全的符号化批判过渡到通过世俗化描绘反思与批判。张波认为"20世纪30年代，由于这种文明（资本主义）的扩展、体验的深入，还有外来文化的大量引进，街头的瞭望与思考，也进一步得以深入。京派作家更加注重尘世风俗的描写，关注底层与市民生活的百态，这类观察与研究全面地铺展开来"。② 可文化人士即便采用世俗视角，也还是与"现代"保持着距离，精神上延续着20年代启蒙者的态度。贺桂梅认为："30年代'京派''海派'之分，即已经在一定程度上显示出北京文化书写与现代主义的另类生存方式之间的距离。"③

1927年北京失去了首都的位置与功能，社会经济发展受到严重打击，"国民政府着手进行了一系列旨在'繁荣北平'的规划设计活动"④，直至1931年九一八事变爆发，因华北局势日益紧张最终停止。现实中失意的北平经由文化精英创作的文艺作品获得精神上永恒的形象。

张芳将林徽因、凌叔华、萧乾、李健吾、张恨水、陈慎言、老舍、何其芳、林庚、郑振铎、吕方邑、铢庵等文人文本中的北京形象划分为"帝都""家园""废都"，认为"有的作家从历史的视域出发，着重于书写故都的遗留物，借此重温和接续旧时繁华梦，从此维度延展辐辏而出的是皇城帝都这一形象；有些作家着力于描绘古都的田园美景、文化

---

① 徐兆正. 林语堂的三重身份 [J]. 读书 ,2019（7）：90.

② 张波. 论京派文学图景中"北京形象"的生成 [J]. 黄冈师范学院学报, 2011（1）：81.

③ 贺桂梅. 九十年代小说中的北京记忆 [J]. 读书 ,2004（1）：42.

④ 王煦. 国民政府"繁荣北平"活动初探 [J]. 民国研究 ,2012（1）：40.

蕴蓄与淳朴民风，编制并构筑了一种'审美乌托邦'。对那些'北平前线诗人'或'荒街上的沉思者'而言，他们笔下以一种冷清暗淡的'意象'来阐释城市，它提取于动荡的时代生活中，是乱世的一种镜像，同时也交融包含着诗人的思想观念与感情的知觉映像。对北京的土著作家而言，当以西方文化为参照，通过对比反观自身时获得了一种冷静审视的眼光，从而以文化批判的姿态创作了一个象征意义上的'废都'，其实这也是它在现实遭遇下边缘地位的真实写照"。[①]同为30年代的北京研究，信忠仁认为文学作品中的北京可以分为物理空间的北京和精神空间的北京，研究对象为沈从文、周作人、萧乾、老舍、张恨水、卞之琳、林语堂等，其中，物理空间中展现历史建筑的壮阔瑰丽、城市居民的淳朴世故和民俗风情的丰富多样，而精神空间则展现浓郁的文化氛围和雍容、静穆、恬淡的风格气度，这在战争环境中与文人的追求来说是一致的。武施乐认为民国时期北京四合院体现了北京城作为传统文化贵族形象的特征[②]——乡土化、大气、优雅醇和、兼容开放，北京是自然田园，也是休闲的，而北京大学作为现代文明的象征——现代、自由、活泼、有情怀地冲击着传统的北京，尤其是抗战爆发前，北京仍是以传统为主的。无论是否是"京派"，无论寄寓了何种心境和理想，大部分文人笔下都更倾向于"传统"而非"现代"，用世俗的视角和世俗间的故事来描绘北京的传统性和田园感。张英进通过民国时期京派作家笔下的四部小说归纳了"北京的形象性"："不仅依赖城里既定的事物，也依赖北京人流传并内在化的文化构形。在这些小说中，北京的'形象性'有如下几个特点：第一，一种从地面观看的视角。第二，这些北京小说偏爱的地方，常

---

①　张芳.1930年代文学视野中的北京形象 [D].郑州大学,2008：8—9.

②　武施乐.论现代文学中的北京形象——以四合院与北大为中心 [D].湖南大学,2008：6.

常与自然美景有关，而非单纯的建筑。第三，这些地方的自然美似乎让小说家认为，北京城在很大程度上浸润在或遵循于传统的乡村价值观。"①北京的各种形象体现了如下文化内涵："首先，北京是一个包裹在大自然中的城市。第二，传统的乡村价值观占主导地位。第三，北京这个城市浸在复杂的人际关系网中，亲密与温暖被认为是北京提供给居民的最宝贵之物。第四，北京这个城市的构形，主要是用空间来表达的。第五，闲暇成了北京人（绅士与旗人）生活的一个主导模式，日常活动完美到了可以成为'艺术'的地步。总之，过去、现在、将来，似乎汇聚并和平共存于北京的建筑空间中，确保了高墙内的北京城的连续感、稳定感与传统感。"②

1937 年后，日本武力占据和接收伪产的十几年使北京满目疮痍，对北京现代性批判的声音隐匿了，北京在文学中仍是古都的形象。张波认为，日据时期，避于文学沙龙中的京派文人对"古城"北京采取"文化上的凭吊姿态"③。于森通过对汪曾祺人生经历和作品的分析，认为 1948 年汪曾祺到北平以后，北平的乡土感使他融入，"这座城并不处处美好，但人却美好。"④

20 世纪 30 年代的文人都对平民现实生活进行展现，大部分强调世俗化——无论是政治上、经济上还是人们的生活追求等方面，但这种"俗"因历史和文化的厚重而提炼出"雅"的精神美感，生活俗而精神美的北京是文人在动乱的现实中所追求的理想的、中国的文化北京。

---

① 张英进. 中国现代文学与电影中的城市 [M]. 南京：江苏人民出版社,2007：82—83.

② 张英进. 中国现代文学与电影中的城市 [M]. 南京：江苏人民出版社, 2007：93—97.

③ 张波. 论京派文学图景中"北京形象"的生成 [J]. 黄冈师范学院学报, 2011（1）：81.

④ 于森. 汪曾祺小说中的北京叙事研究 [D]. 山西师范大学,2015：4.

（二）京味小说的建构及文化延续

在近代以来北京的文化建构过程中，京味小说是其中最重要的并对后世影响最大的载体。

北京"形而上的传统经典文化与形而下的世俗文化密不可分"①。京味小说"吸取了俗的优长，即通俗、理俗、世俗"②，"通过在北京生活的土著人的人生故事与城市生活日常化的描写来透视北京形象，透过其生活的世俗化表象来揭示其深邃的底蕴，站在中国现代化的高度，审视北京文化在传统与现代之间的角逐"③，"总体上建构了一种老北京、旧北京的想象形态，共同呈现一种内在的精神紧张"。④

清末民初，随着现代报业的兴起，北京本地旗人蔡友梅、穆儒丐等一大批小说家创作的京味小说受到追捧，"这批北京作家继承了《红楼梦》《儿女英雄传》的优秀文学传统，创作出大量优秀的京味儿作品，对老舍、邓友梅等京味儿小说家的创作产生了积极影响"⑤。

然而最受今人关注的京味作家为老舍。刘大先认为老舍对北京的文学书写"主要在三个维度上展开：一作为情节背景；二作为叙事结构；三作为文化想象。最后一种尤具有深远的文化反思意义，显示出老舍不同于一般政治现代性、经济现代性的文化现代性追求"。⑥刘程程认为

---

① 吕智敏.化俗为雅的艺术——京味小说特征论[M].北京：中国和平出版社，1994：1—3.

② 王鹏.当代京味小说的怀旧视野与北京记忆[D].吉林大学，2007：24.

③ 张胜群.文化叙事中的北京想象——以京味小说为例[D].河南大学，2009：16.

④ 贺桂梅.20世纪八九十年代的京味小说[J].北京社会科学，2004（3）：13—14.

⑤ 刘云，王金花.清末民初京味儿小说家蔡友梅生平及著作考述[J].北京社会科学，2011（4）：70.

⑥ 刘大先.作为文化想象的北京：老舍笔下的北京意象[J].东岳论丛，2007（5）：102.

1949年前老舍的创作分为两个文化阶段①：一个阶段是在异域书写的"官本位""钱本位"盛行、底层人民生活困苦、军阀混战不休、西方文明渗入却终究无大作为、沦陷后病态的但也不乏有识之士的苍凉故都形象，对当时北京人的保守、愚昧、故步自封、安分守己、投机钻营、自私自利予以批判和讽刺。另一个阶段是归国后亲历战争，对部分国民的某种丑态、病态等劣根性进行鞭挞并对务实而又理想主义的新青年进行鼓励。王卫平认为老舍"采取一种具有民俗史、文化史意义的视角表现传统的北京，但是这一独特的视角却在很大程度上遮蔽了五光十色、充满竞争的现代性的北京，也在某种程度上阻碍了老舍对现代化进程中传统文化的衰落、市民性格的成因等一系列问题的深入剖析"。②

另外一位比较受到关注的是张恨水，"张恨水最大的成就在于将现代精神注入秉承中华民族传统艺术的通俗小说中，突破以往通俗小说的局限，完成了对既定小说模式的超越。对平民社会的生活世态和上层社会的人物世相的描写构成张恨水小说的主要内容，其自出机杼之处就在于对上层社会和平民社会文化品位的描写表现为雅与俗的错位，上层社会雅而俗，平民社会俗而雅。"③季剑青认为"张恨水擅长捕捉北京这座都市快速变化的节奏，是描写北京都市现代性最为出色的作家，但他又没有完全沉醉其中，而是时时投之以冷静反思的目光，在张恨水的小说中，北京的都市繁华最终不过是过眼云烟，是一场幻梦"。④张恨水的小说《春

---

① 刘程程.老舍文学世界中的北京形象 [D]. 沈阳师范大学,2015：1.

② 王卫平，刘栋.现代都市小说中的北京想象——以老舍、沈从文、张恨水的创作为中心 [J]. 北方论丛,2007（1）：37.

③ 王卫平，刘栋.现代都市小说中的北京想象——以老舍、沈从文、张恨水的创作为中心 [J]. 北方论丛,2007（1）：38.

④ 季剑青.过眼繁华：张恨水的北京叙事——从《春明外史》到《啼笑因缘》[J]. 文艺争鸣,2014（8）：78.

明外史》"借助于报纸这一媒介，直接参与到都市文化的生产中去，成为都市日常生活的一部分"①。用民国初年北京南城娱乐业、内城中央公园和北海公园等"繁华场"②所呈现的都市繁华景象表现北京的繁华，"北京都市生活的众生相，大多呈现出险恶、腐败和堕落的面目，"③而这种繁华止于《金粉世家》，"带有某种旅游指南的性质和功能"④的《啼笑因缘》则在萧条的北平时期通过对天桥这一新兴繁荣之地、先农坛、中山公园、北海公园、什刹海和大杂院等"自然与人工相谐和的优美景致"⑤的描写展现清新平易也世事沧桑的北平城。

无论是老舍还是张恨水，其文本中都透露出北京经历现代化侵袭的情况。张恨水直接描绘这种侵袭所造成的世相，认为这时的北平与历史上的北平经历相似，是一场梦幻。而老舍由于其西方留学经历而理性批判着他热爱的北平和北京人在这种经历中的表现。他们的作品都书写了北京的现代性，并且都采用了世俗的视角。张英进认为，"老舍和张恨水对北京的虚构叙述中的矛盾心理明显表现在三个领域：城乡冲突、中西冲突、道德与性的冲突。有一点很值得注意：关于北京的叙述作品，虽也明确意识到城市、西方、性的巨大冲击力，但乡村的、道德的传统，获得了象征性胜利。所以，我们可以说，这座古城在中国文化想象中占

①　季剑青.过眼繁华：张恨水的北京叙事——从《春明外史》到《啼笑因缘》[J].文艺争鸣,2014（8）：79.

②　季剑青.过眼繁华：张恨水的北京叙事——从《春明外史》到《啼笑因缘》[J].文艺争鸣,2014（8）：83.

③　季剑青.过眼繁华：张恨水的北京叙事——从《春明外史》到《啼笑因缘》[J].文艺争鸣,2014（8）：81.

④　季剑青.过眼繁华：张恨水的北京叙事——从《春明外史》到《啼笑因缘》[J].文艺争鸣,2014（8）：83.

⑤　季剑青.过眼繁华：张恨水的北京叙事——从《春明外史》到《啼笑因缘》[J].文艺争鸣,2014（8）：83

有极为核心的位置，无论如何，都要将它设想为一个本质上是中国的地方，一个安顿在古老中国历史与文化传统中的地方"。①

刘勇认为，"国民政府南迁后，这座古城中正、平和的气度开始影响作家的创作和美学风格，老北京的文化气息、民俗风情也重新被他们发现。北京让他们找到了对抗激进的西化理念的载体，对比西方的城与人，古城北京所承载的中国传统文化气质和品格，有其自身的特色和优长，并非如同之前启蒙者所批评的那样一无是处，文学的北京形象也随之发生了又一次嬗变"。②宋菊梅以张恨水、老舍、林语堂的作品作为分析对象，认为"张恨水笔下是转型期的北京，表现出'向俗性'，借助'俗'表现更深层次的'雅'；老舍笔下是现实的北京，以俗为形、以雅为魂，更关注重大的社会问题；林语堂笔下的北京表现出'向俗性'而超越现实的'雅'"③。吕智敏在其著作中总结京味小说是化俗为雅的艺术，其特征是"艺术对象地域化、主体视角文化化、艺术形式是传统小说叙事模式的开放式结构、文学语言方言口语化"④，其艺术风格"表层特征是俚俗，来源于其表现的世俗化的北京市民生活题材，深层特征是儒雅其内，使世俗生活审美体验化"⑤。

20世纪80年代是继民国之后，文化领域明确倡导北京文化身份的年代。它将"京味文学作为一种思潮或流派加以明确倡导"⑥。20世纪80

---

① 张英进.中国现代文学与电影中的城市[M].南京：江苏人民出版社,2007：98—99.

② 刘勇，张弛.中国现代作家笔下北京形象的嬗变[J].北京科技大学学报（社会科学版）,2014（2）：48.

③ 宋菊梅.雅俗视域中的北京想象——以张恨水、老舍、林语堂为中心[D].西北师范大学,2008：1—4.

④ 吕智敏.化俗为雅的艺术——京味小说特征论[M].北京：中国和平出版社,1994：1—3.

⑤ 吕智敏.化俗为雅的艺术——京味小说特征论[M].北京：中国和平出版社,1994：1—3.

⑥ 贺桂梅.20世纪八九十年代的京味小说[J].北京社会科学,2004（3）:12.

年代的京味小说包含刘心武、陈建功、王猛、苏叔阳、韩少华、刘绍棠、张洁、陈祖芬、甘铁生、林斤澜等人的作品。曾一果认为 1980 年前后京味小说的作者都"认同传统的秩序观念、道德意识和人际关系，重构了东方式的'人'与'城'之间的关系：强调人与城市之间的融合而不是对立，将北京'想象'成一个具有强大融合力的'传统性'城市"①。这个传统是乡土的、想象的、器物层面的，"具有了审美化和趣味化的特征"②。郭瑞芳认为，80 年代作家的北京书写"延续了传统古朴、贵气、休闲的文化格调"③。赵学佳认为，"作家笔下'回瞥式'的体察北京的视角，'借助具体的北京人情风俗，展示'现代颓废时段'的故都北京人文以及地缘文化景观这一共同书写北京的方式。这个经由京味小说家塑造的北京，是透着纯正、优雅故都气质的北京，也是饱含宽容、幽默的平民趣味的北京"④。戏剧戏曲方面，较为凸显北京地域特色的戏剧形式以话剧为重点。京味话剧上承老舍的话剧作品，一直坚持现实主义传统，诉说北京的故事，表现当地风俗，强调北京人和故事的真实感。1988 年北京人民艺术剧院创作的《天下第一楼》在新时期写老北京老字号的兴衰，凸显人性，表现人与命运的抗争。尽管 90 年代以后现实中的北京味道越来越淡，但人艺的京味话剧仍然坚持北京味道，不过多以民国时期的北平为故事背景，如《窝头会馆》等，这从一个侧面反映了现实中北京味道的隐匿现状。1998 年戏曲界也在体制改革浪潮中创作了现代京剧《骆驼祥子》，试图借用老舍的文化号召力寻求京剧改革的可能性。董健、胡星亮

① 曾一果.传统与变迁：新时期小说中的"北京形象"[J].扬子江评论, 2008（6）:88.

② 曾一果.传统与变迁：新时期小说中的"北京形象"[J].扬子江评论, 2008（6）:88.

③ 郭瑞芳.现代北京"文学形象"的审美研究——以 1990 年后的小说为例 [D].首都师范大学, 2012: 27.

④ 赵学佳.现代作家的北京想象与经验表达 [D].首都师范大学,2012: 13—14.

认为该剧"所表现的生活、人物、情节结构、主题观念都是现代的"①"激活了古典京剧在舞台艺术上的深厚积累，用以成功地反映现代生活，尤其是运用古典京剧的身段语汇成功地描绘了现代的人"。② 无论是文学还是戏剧、戏曲文艺创作者，他们在 20 世纪八九十年代对北京的描写都在精神上延续了二三十年代的书写传统。赵园认为写北京的小说"往往沉湎于古城悠然的日常节奏，冷落了现代史上以北京为舞台、凭借这舞台而演出的大戏剧"③。"城市风味传统与现代兼容并包的状态，在现代作家的北京书写中表现出失衡的现象——作为都市表征符号的现代城市风貌在现代作家笔下很少涉及，即便提及也是一笔带过或是将其当做批判的对象，作家们表现出的是一种拒绝的姿态。"④"现代作家通过塑造'古城'这一典型意象，抒发了他们处身'传统'与'现代'之间痛苦而丰富的现代性体验，为构建的'文学北京'这一城市形象，着上了悲凉的现代美感特征。"⑤ 这些文学作品的研究观点同样也适用于戏剧创作。

2008 年以后京味文化在政府文化建设的主导下成为弘扬传统文化和北京精神的主力，老北京元素与新北京的融合成为探索主体，20 世纪二三十年代的北京建构成果依然延续着传统魅力。如音乐界，中国传统民乐在西方音乐长期占主流的形势下得以获得新生，走上一条中西结合的道路——民族乐器仿西方交响乐建制组建的乐团突出协奏性和丰富性。2015 年 9 月组建的北京民族乐团先后创作京味专场音乐会《北京回响》，情景音乐会《乐话北京》，二胡协奏曲《追梦京华》《古都情怀》等，以北京为

---

① 董健，胡星亮主编 . 中国当代戏剧史稿 [M]. 北京：中国戏剧出版社，2008：417.
② 董健，胡星亮主编 . 中国当代戏剧史稿 [M]. 北京：中国戏剧出版社，2008：416.
③ 赵园 . 北京：城与人 [M]. 北京：北京师范大学出版社 .2014：320.
④ 赵学佳 . 现代作家的北京想象与经验表达 [D]. 兰州大学 ,2012：19.
⑤ 赵学佳 . 现代作家的北京想象与经验表达 [D]. 兰州大学 ,2012：37.

题，用音乐展现诸如北京四季景致的变化等，以老北京为表现对象，建构令人流连的老北京形象，凸显地方特征，强调老北京的美感。在戏剧界，除"北京人艺"的传统剧目以外，独立话剧导演和其他专业剧团选择表现北京的故事，也大都以胡同和四合院为主要背景。林兆华在 2010 年重拾老舍的短篇小说改编为话剧《老舍五则》，尝试用老舍几十年前关于人的思考和表现来映射现实；黄盈的七部"新京味话剧"则拥抱土生土长的环境和传统表达北京的新现实；2017 年国家大剧院话剧《豆汁儿》将当代北京胡同的故事和人物状态纳入作品，塑造包容、善良的北京人形象，意在传播优秀传统文化；2016 年《玩家》通过表现当代 40 年古玩界玩家的故事展现对"真"的人性坚守，融入了北京"80 后""90 后"的语言，表达了 2008 年以后的时代精神和现实中的"新京味"；董莊桐详细分析了近年来京味话剧 ① 中的北京故园形象，认为京味话剧以"胡同——四合院"为背景进行家园复现，对北京故园文化传承与坚守的形象进行表达，以家族为线索演绎"精神故园"。"胡同——四合院"是京味文化的代表，凝聚着胡同文化精神，"在世俗描写中透露出高雅的情趣"② 能唤起中国人的"乡愁"，十分关注京味话剧对现代性的批判和大众化的传统。

（三）社会主义传统的影响

新中国成立后至改革开放前这个时期，文艺作品建构着与"传统"截然不同的"新北京"——新中国执政党与人民在胜利后的理想追求，以人民为基础与服务对象，在这种情况下必然强调"群众""集体"的世俗视角，

---

① 董莊桐.近年来京味话剧中的北京故园形象浅析 [J].东方艺术,2017（23）.京味话剧的定义：以北京日常形态与生活方式为基点，对传统北京"文化乡土""精神故园"的复现与追忆，同时往往蕴含着对现代化进程批判和反思的作品。京味话剧更注重复现具有普泛性、大众化的文化传统，满足人们对精神故园的寻找，也让人们在都市变迁中记住了乡愁。

② 董健，胡星亮主编.中国当代戏剧史稿 [M].北京：中国戏剧出版社，2008：330.

同时，北京是祖国和社会主义的绝对代表。

新中国成立之初的 50 年代，文艺作品中凸显着激情赞颂的情绪。北京作为首都是新中国、新社会、新生活的一个象征符号。张鸿声认为新中国诗歌中往往是对"新北京"的歌颂，是对"新中国"的一种群体憧憬"①，这种北京形象第一个方面是拥有"红色历史谱系"②的"左翼"的城市史，消解了"旧北京的消费性和北京作为新文化中心的城市现代性"③；第二个方面是"直接歌咏现代性的场景、器物和人物"④；第三个方面"是将北京作为社会主义中国的首都，对北京在共产主义阵营中的中心或次中心地位进行国际性的想象"⑤。在臧克家诗歌《我爱新北京》中，诗人着重使用北京的声音：傍晚，工人宿舍中传出来广播的音乐以及节日里几十万人大游行欢呼的声浪，描绘群众的文化生活和群众性的力量。丁力的《太阳的家乡》"很有代表性地书写和歌颂了新中国成立之初城市建设的光辉成就，作为中国当代诗歌史上较早的城市诗，同样鲜明地体现了当时的时代现实——生产、建设、劳动、诗人们的脉搏与时代一起跳动"。⑥经历了新旧社会转型的汪曾祺，在新中国成立后创作了很多新时代作品。于森通过对汪曾祺人生经历和作品的分析，认为新中国成立后经历了劳动改造的汪曾祺眼中，北京"已经建构成'北京—中国'话语结构下的象征符号，整座北京城代表了社会主义北京的形象。人们都关

---

① 张鸿声.文学中的"新北京"城市形象 [J].扬子江评论,2009（5）:29.

② 张鸿声.文学中的"新北京"城市形象 [J].扬子江评论,2009（5）:31.

③ 张鸿声.文学中的"新北京"城市形象 [J].扬子江评论,2009（5）:32.

④ 张鸿声.文学中的"新北京"城市形象 [J].扬子江评论,2009（5）:33.

⑤ 张鸿声.文学中的"新北京"城市形象 [J].扬子江评论,2009（5）:33.

⑥ 何言宏：《新中国 70 年诗歌创作：当代中国的诗性表达》，据中国作家网：http://www.chinawriter.com.cn/n1/2019/1011/c404034-31394286.html.

心着北京的消息，把北京视为心中最终的故乡和想象祖国唯一的方式"①。
音乐领域在 20 世纪 60 年代以后创作的与北京直接相关的歌曲如《北京
颂歌》《雄伟的天安门》《侗歌向着北京唱》《苗岭连北京》等，还持续
着 50 年代《北京的金山上》《挑担茶叶上北京》等歌曲的赞颂之情。歌
词中将北京与金色这种代表庄严辉煌的色彩与首都和伟大领袖毛主席紧
密相连，形成伟大的想象对象，凸显着广大人民心中北京作为新中国首
都的政治与文化向心力；作曲家用持续的高音以及曲末不断上行的音调，
演唱者用高亢昂扬的声调诠释着社会主义时代的革命激情。这种激情一
直影响着新时期文艺创作者，在改革开放后成为王朔、姜文等"大院子
弟"的部分创作源泉与怀旧对象。文艺作品中的首都情怀、社会主义新
北京情怀一直延续至今，在各类文艺形式中出现。

　　50 年代老舍在戏剧戏曲领域为北京社会主义建构提供了文化样板。
1949 年后老舍塑造了去除市井气息的、人民政府爱人民的、生态环境改
造得当、社会关系和谐的新首都形象，如话剧《龙须沟》。同时也创作了
《茶馆》，浓缩 1949 年以前的近代北京形象是复杂的、形势波诡的、五方
杂处的、令人无立足之地的"废都"。80 年代"北京人艺"在老舍剧本
基础上创作并历经两代复排，时至今日，《茶馆》依然是经典话剧剧目，
演出 700 余场。人艺亦于 80 年代创作了被誉为"新时期的《茶馆》"的《小
井胡同》，通过北京城南胡同的世俗生活变迁批判 50 年代至 70 年代的政
治动乱的荒诞，是改革开放初文艺界"反思"潮的具体体现。

　　新中国成立后国家和北京的主旨是现代工业化建设，展现新中国的
尊严和气魄。建筑领域，北京城市面貌和标志建筑在胡同四合院以及紫
禁城之外出现更多新型建筑，如"新中国十大建筑"——人民大会堂、

---

① 于淼.汪曾祺小说中的北京叙事研究 [D]. 山西师范大学,2015：5.

中国革命历史博物馆（现国家博物馆）、中国人民革命军事博物馆、北京民族文化宫、民族饭店、北京火车站、北京工人体育场、全国农业展览馆、钓鱼台国宾馆、华侨大厦。十大建筑庄严、雄伟，古典美与现代气势融为一体，充分吸收中外建筑风格，既有民族特色，又体现时代风貌，全部由中国人设计与营造。绘画选题方面，现代城市元素增多，创作方法采用传统与西方绘画理念相结合，主旨展现新社会的现代风貌。这时期美术界关于"北京"的理解有一种来源于官办主题引导的创作，根据党和国家对北京的期望和计划设定大框架，画家在大框架中进行发挥。1959 年北京画院的六位画家古一舟、惠孝同、周元亮、陶一清、何镜涵、松全森共同合作完成了一幅 46 米长的大型国画《首都之春》，为新中国成立十周年献礼，手法为中国画的现实画法，题材描绘的是从通县（现通州区）由东向西经过天安门直到西山的北京城横贯全景图，展现新北京的宏大与瑰丽。1959 年中央工艺美院的张光宇等画家接到任务，为钓鱼台迎宾馆大厅绘制大型壁画《北京之春》（200cm×450cm 现代壁画），作为国家献礼，壁画于 1960 年完成。画面前景为中国传统的花瓶、泥塑、玩偶、风筝等组成的视觉框架，从视觉框架中看到远处京城名胜，如故宫角楼、白塔寺、中国美术馆等，传统与现代、民间元素与官方标志相结合，呈现美好的北京之春。个人创作也与官方创作呈现统一气象，1959 年叶浅予用中国工笔画创作的《北平解放》，其中前门为主要建筑、天坛为附属建筑居于画面中上部，中国传统的祥云朵朵环绕建筑在画面中，极为吸引注意力，画面的中心为解放军入城、人民夹道欢迎的热烈场景，古城、新气象、祥瑞之兆统一在一幅画面里，衷心歌颂和拥护新政权的建立。20 世纪 50 年代，无论是花鸟题材还是山水题材，画家们关于北京的画作无不表现出生机勃勃、欣欣向荣的气象，如《东风吹遍百花开》(北京中国画院花鸟组绘,162cm×305cm,纸本设色,北京画院藏)、《山村春浓》(胡佩衡、吴镜汀、周元亮、白雪石绘,63cm×131cm,纸本设色,北京画院藏)。涉及北京城市建筑、人文景象的绘画很多,吴作人、宗其香、戴泽、吴冠中、宋步云、孙宗慰、罗尔纯、张安治、古元、萧淑芳、叶浅予等画家用油画、水彩、版画、水墨画等多种形式贡献了大量作品。北海公园、北海团城、什刹海游泳池和冰场、故宫角楼、雍和宫、天安门等北京传统建筑被赋予新时代的观察视角与色彩,北京宁静、优美,充满神韵,生活气息浓郁,展现着新时代面貌。

20世纪60年代以后,文艺创作出现与50年代不一样的倾向,1961年李秀实用近代以来美术界占据主要地位的油画创作了现代题材的主题性人物创作《晨》(101cm×301cm,油彩·麻布,中央美术学院美术馆藏,第三届全国"美展"展出),该画是中国造型艺术的代表作之一。人民英雄纪念碑前,骑自行车的行人匆匆而过,表现了普通人与北京的关系。这种视角所蕴含的现代理念在那个年代难能可贵。"十年浩劫"期间,除了压倒一切的"高大全"美学和宏大主题之外,艺术家个体的创作皆尽力回避社会现实,转向静物、风景等。以吴冠中为例,70年代反而是他绘画的高产阶段,谭红梅认为吴冠中在1970年至1972年的贫下中农再教育中发现北方田野的单纯、质朴和粗犷之美,"其画面在原有的清逸之中增加了厚实、朴拙之感"[1],1974年回到北京后创作了体现"乡土情怀"[2]的《北京人家》,选择胡同中的大树为画面主体,枝繁叶茂的大树后隐隐出现红色的院门和着各色服装的小孩身影,用油画的色彩和色块勾勒出"文革"后期北京小孩的生活状态,这与电影《阳光灿烂的日子》(1993)似有共同

---

① 谭红梅.吴冠中油画艺术研究[D].南京艺术学院,2015:31.

② 谭红梅.吴冠中油画艺术研究[D].南京艺术学院,2015:31.

的表达对象与目的，即"文革"大环境下，孩童般的日常生活的色彩。不过，画家在"文革"期间的创作角度比姜文在 1978 年以后的回望与重构角度更显得难能可贵。1975 年吴冠中创作的《北京·雪》吸收了西方色彩与意境、中国的造型与精神，用冬雪与寒枝表达不畏严寒的象征意味，其"横向三段色彩便传达出一种时间凝定、空间静穆之气氛。"①

　　改革开放以后，很多文艺作品中体现出北京建构的社会主义传统。曾一果认为，"1986 年到 1994 年是'北京想象'的第二个阶段。代表作家是李陀、王朔，他们开始变革'北京形象'，建造'纸上的新北京'"②。郑以然认为北京的空间场域"有大院与胡同"，"大院里实现的，其实是当时中国人对于现代化的想象，对于都市性的想象"③"大院北京，在文化上代表社会主义革命文化，大院居民把自己看作'国家的人'而非'北京的人'"④。因而叶凌雯认为王朔用怀旧的情感、无畏的先锋形式和"'世俗'这一有效地表达叙事主体诉求的书写方式"和"后现代主义意味的写法"⑤，"革命地"批判传统北京的官方和精英⑥。王朔文学作品中的北京意象深深影响了冯小刚、姜文等导演的电影创作。

　　19 世纪至今的文艺作品对北京的建构都逃避不开北京在传统文化与现代文明之间的冲突常态，这种冲突或作为主题或作为背景存在，这种

---

　　① 雅昌艺术网专稿：《保利香港中国及亚洲现当代艺术吴冠中〈北京·雪〉1250 万港元落槌》，据艺术头条网：https://m-news.artron.net/20140406/n588967.html。

　　② 曾一果.传统与变迁：新时期小说中的"北京形象"[J].扬子江评论,2008（6）：68.

　　③ 郑以然.从王朔小说看"大院北京"——现实与文本中的文化空间[J].中国现代文学研究丛刊,2013（6）：100.

　　④ 郑以然.从王朔小说看"大院北京"——现实与文本中的文化空间[J].中国现代文学研究丛刊,2013（6）：104.

　　⑤ 叶凌雯.20 世纪 90 年代以来的北京书写——以王朔、邱华栋、徐坤为例[D].厦门大学,2008：16.

　　⑥ 叶凌雯.20 世纪 90 年代以来的北京书写——以王朔、邱华栋、徐坤为例[D].厦门大学,2008：16.

冲突从晚清开始持续了一个多世纪。曾一果认为"从'五四'以来，无数的现代作家都用他们的笔描绘过这座城市，尽管在不同年代，这些作家的叙述笔调和叙述内容各不相同，但是这些作品似乎总是包含着一些'共同的主题'，一种可以称为'传统性'的东西"①。当 1978 年中国开始实行改革开放，中国人发现世界艺术已经从现代主义过渡到后现代主义，而中国自身的艺术观念还停留在古代传统和社会主义传统中。而"文化大革命"对中国人思想与精神的影响使得两种传统都几乎被消灭。经过长时间的寻根和反思，21 世纪后的文艺作品才开始主动反映传统文化与现代文明的融合过程，这种北京形象建构想象充分说明北京作为传统文化象征，其现代化转型过程异常艰辛、曲折。

二、北京建构的当代面貌

（一）艺术建构呈现阶段性特征

　　1978 年至今的 40 年间，西方文化自身又经历了几次阶段性变化，文化艺术领域经历了从现代到后现代的转变，这种转变在西方是自然而然的持续性发展，然而当它们一起涌入刚从"文革"环境中挣脱出来的中国时，中国人来不及分阶段对他们进行消化，西方新的现代面貌令人眼花缭乱、应接不暇。在这样的强势输入中，中国本身也经历了改革开放的不同阶段，社会文化思潮几乎十年一变革，文艺作品对北京的建构也历经阶段性变化。

　　宏观回望改革开放 40 年的文艺创作，可以明显感受到 40 年文艺界的历史沿革可分为四大变革阶段，分别为：1978 年至 1989 年，1990 年至

---

① 曾一果.传统与变迁：新时期小说中的"北京形象"[J].电影评介,1993（9）：86.

1999 年，2000 年至 2009 年，2010 年至今。这种时间切割展示出改革开放中 20 世纪八九十年代、20 世纪末、21 世纪初、北京奥运会后四个阶段各自具备的独特性。从这个角度对 40 年文艺创作进行梳理与批评的论著很多，《新时期文艺思潮概览》①从宏观梳理的角度对文学、戏剧、电影、美术、音乐、舞蹈、曲艺等几种新时期主要的文艺形式进行评述与概括，全书共九章，邀请各艺术行当的评论大家概括性总结了各文艺形式 40 年的发展概况，每个艺术行当内部对自我的纵向线性认识都很明确。但文艺界鲜有将各艺术形式横向比较的思考维度，《当代中国文艺思潮与文化热点》②则是一个就思潮与文化间的关系本身进行深度思考的案例。

综合两本著作对新时期各文艺形式的概括以及横向比较后，可以梳理出概况：1970 年至 1980 年短短的十余年间，文艺界思想解放，对真实需求的复苏，反思、寻根、改革的主题，现实主义的主线，对艺术本体的回归与探索，对西方艺术的追逐与学习使得这十年的艺术展现纷呈、面貌多样，但理想主义的精神风貌使得这十年的艺术作品充满激情和对美好的向往。这十余年的文化艺术书写在精英群体的话语体系和精神追求中存在，陶东风认为这个过程为"祛魅"与"赋魅"同时进行的时期，是"革命文学、革命文化被'祛魅'的结果，是精英知识分子文学（文化）被赋魅"③。这十年中，过去与现在的内部变化皆多变的现状使得艺术界的反应更加频繁与剧烈，文学、戏剧、舞蹈领域都将 1980 年作为一个时间分野强调对"文革"控诉的集中暴发，戏曲则强调 1982 年陈云对苏州评弹和整个曲艺界提出的振兴观点对曲艺这门中国传统艺术复归的

---

① 云德主编.新时期文艺思潮概览 [M].北京：中国文联出版社，2016.

② 陶东风主编.当代中国文艺思潮与文化热点 [M].北京：北京大学出版社，2008.

③ 陶东风主编.当代中国文艺思潮与文化热点 [M].北京：北京大学出版社，2008：2.

重要性。文学、美术等将 1985 年作为另外一个时间分野，强调新时期启蒙运动的集体感以及改革开放进一步深入和扩大带来的西方现代主义直接影响的结果——"85 新潮"和"先锋文学"，其中文学领域认为 1985 年比 1989 年对文学领域的时间划分更为重要。相对政治风波，西方现代主义的影响对文学界的影响更深远。除文学领域外，1989 年是大多数专家学者认同的一个大的变革点，政治风波使中国各艺术形式的先锋探索和理想主义状态逐渐变得冷静。随之而来的是 1992 年，邓小平南方谈话坚定了改革开放路线使经济发展成为主要的发展目标，中国现代化发展进入突飞猛进的阶段，中国社会在前十年的社会转型后开始了新一轮转型，精英文化在经济大潮带来的消费主义和大众文化面前衰落，"中国社会思潮呈现出明显的世俗化倾向"①。在大趋势中，戏剧界更强调 1989 年以后现实主义的回归；电影界更强调电影体制进入全面改革时期以及进口大片和电视对市场的冲击；美术界更重视政治风波带给艺术家的自我审视；音乐界更重视经济建设的从南到北的影响；舞蹈界更强调市场经济和体制改革带来的观赏与营利的需求；戏曲方面则选择 1992 年为转折点而非 1989 年以强调经济体制和传播手段的深远影响。在市场、观众、西方艺术的几重影响下，各种传统艺术形式在 20 世纪 90 年代都经历着艰难的体制改革，必须面对现代主义和大众文化的侵袭，出现很多背离自身艺术规律的创作。步入 21 世纪后，各文艺形式都提出"多样化"或"多元化"的总体特征，但 80 年代以来的各种思潮并没有完全消失，而是并行发展，且不同艺术门类之间的融合以及艺术与科技之间的融合成为显著的现象。网络普及、政府在高速发展的经济形势中对文艺事业的重视都促使文艺蓬勃发展，其中美术界更强调 2003 年"当代艺术"作品拍卖

---

① 陶东风主编 . 当代中国文艺思潮与文化热点 [M]. 北京：北京大学出版社，2008：146.

对中国美术界"从此公开地步入市场轨道，且大步流星地无论公私、无论长幼、无论文野、无论内外"① 的巨大影响；曲艺界在经济大潮和电视影响下的低迷状态似乎持续得更久，直到网络为德云社打开了曲艺赖以生存的大众之门，中国传统艺术的魅力经由网络重新被广泛认知。后奥运时代的全球化深入影响以及党的"十八大"提出的"中国梦"目标促使中西文化交融互渗，互联网和消费文化似乎容纳和接受了所有的思潮成果，使各种思潮、各类艺术都获得生存空间，文艺创作的艺术与商业界限也正在历经从分化到融合的过程，中国文艺界开始重视传统文化与本土经验，在现代化的道路上寻找本土化、民族化的融合之道。

从横向纵向两个维度看各文艺形式在 40 年中的思潮变革可以感受到这种时间划分与国家、社会命运同步，又体现艺术敏感的、先验式的独特性，文化艺术领域的宏观与微观变化充分体现国家、社会、文化变迁，同时也深受其影响。

（二）北京成为现代性追忆载体

20 世纪 80 年代，在新旧现代性混杂的洪流中，在"文革"后中国本土的"寻根热"和"文化热"大潮② 中，北京"在现代视野中被作为一种传统文化和传统中国的符号"③。于淼认为这一时期的汪曾祺关注平民，"将传统与现代进行了沟通与嫁接，并且对文化传统进行创造性的转化并使之成为现代的一部分，以这种眼光观察现代社会和那已经逝去的'时

---

① 云德主编. 新时期文艺思潮概览 [M]. 北京：中国文联出版社，2016.247.

② 贺桂梅. 九十年代小说中的北京记忆 [J]. 读书,2004(1). 20 世纪80 年代"寻根文学""文化热"与"80 年代理解现代化进程和现代性想象有密切关系"，其"对'文化'的关注方式，对于何谓中国文化、文学之'根'，不约而同地分享着一种传统、现代的思考框架，并把对传统文化的反省和思考作为'现代化'的必要条件"。中国传统文化与西方现代文化、中国现代文化与民族自我之间的关系是这两种文化思潮的主要思考对象。

③ 贺桂梅. 20 世纪八九十年代的京味小说 [J]. 北京社会科学,2004 (3):12.

空'"①具有"反现代的现代性"②，然而无论如何，"北京这座精神的城市肌理清明，面庞润泽，充满着温暖而可靠的肉感"③；无论是否是"京味小说"流派中的一员，80 年代的作者都对古都北京的文化恋恋不舍。邱慧婷认为铁凝的小说"对北京文化有现代理性的审视，但她在小说中呈现出的却是对这种文化精神的眷恋与不舍"④。这个时期文学北京的创作笔法延续 30 年代京派作家的世俗化展现方式，达到雅俗共赏的艺术形象，接续了传统与现代，使北京形象一脉相承延续至真正的"现代"社会。

　　20 世纪 90 年代后至 21 世纪初，由于传统城市空间的新一轮改建，在文艺作品中出现了明显的"怀旧"氛围。怀旧的北京想象呈现为三种形态，"一种是作为'社会主义城市'的北京，一种是作为'帝都''皇城'的北京，一种是作为平民城市的北京"⑤，怀旧中的北京"在整体上被作为一种和谐的、恬静的、与今日个人生活血肉相连的'家园'想象"⑥。文学和电视剧流行文化中的北京形象是皇城、帝都形象，电影中出现了1949 年至 1978 年间的社会主义首都追忆。这种怀旧"事实上也是现代视野内对于文化传统和文化记忆的重新追认"⑦。在宋冰眼中⑧，这个阶段文学作品中的北京形象和精神都是怀旧的、追忆的，而怀旧与追忆的载

---

①　于淼.汪曾祺小说中的北京叙事研究 [D].山西师范大学,2015：7.

②　于淼.汪曾祺小说中的北京叙事研究 [D].山西师范大学,2015：8.

③　邱慧婷,王岩.论铁凝小说中"北京"意象的身体化[J].教育观察（上半月）,2017（17）：142.

④　邱慧婷,王岩.论铁凝小说中"北京"意象的身体化[J].教育观察（上半月）,2017（17）：144.

⑤　贺桂梅.九十年代小说中的北京记忆 [J].读书,2004（1）：44.

⑥　贺桂梅.九十年代小说中的北京记忆 [J].读书,2004（1）：45.

⑦　贺桂梅.九十年代小说中的北京记忆 [J].读书,2004（1）：44.

⑧　宋冰.九十年代以来小说中的城市书写与想象——以北京和上海为例 [D].山东师范大学,2007.

体便是老城区的空间，例如胡同、四合院等。2008年陕西师范大学出版社出版了林语堂1961年的著作《大城北京》，该书用精彩的文字语言归纳展示了老北京（1949年前）的四季、城市、宫苑、艺术、民众生活、信仰和情趣以及北京的精神，用文字描述了一幅老北京画卷，在他的描述中，北京有自然之声、有人之声、有动物之声、有时间之声，最重要的是这些声音之间具有和谐的、令人平静却愉悦的整体听感。他认为："除了巴黎和维也纳，世界上没有一个城市像北平一样的近于思想，注意自然、文化、娇媚和生活的方法。"[①]在北京巨大城市面貌变迁中表现出对历史的追忆，许多画家也贡献了优秀作品。在2008年以前，很多画家笔下的胡同是破旧的、灰色的，表达对社会现实的反映，如杨雍2000年以后开始的炭笔素描胡同画作，况晗《消失的北京胡同》系列铅笔画、戴程松的速写《北京胡同记忆》、刘鹏的水墨胡同等。另有单幅作品如《紫禁城全景》（张仁芝绘，125 cm×251 cm，2004年，纸本设色，北京画院藏）对称半俯角展现雄伟的紫禁城，但整体色调是灰黑色的；《家园》（李小可绘，180 cm×97 cm，2006年，纸本水墨，北京画院藏）完全用中国水墨俯瞰描绘北京白塔寺附近的胡同区域，街道做留白处理，画家用水墨的黑白两色体现历史感及思考感；2008年与奥运会相关的画作如《CBD》（白羽平绘，130 cm×250 cm，2008年，布面油画，北京画院藏）也是灰色色调。也有一类画家塑造了多彩、美好的家园形象，如中国美术家协会会员黄有维主攻中国新派（新写实主义）水彩画，他笔下的胡同、紫禁城充满金色阳光，是彩色的、美好的。黄有维用西方的手段和材料积极表达北京绚烂、美好的一面。他不在胡同画作中展现人物，认

---

① 姜德明. 梦回北京：现代作家笔下的北京（1919—1949）[M]. 上海：生活·读书、新知三联书店，1992：508.

为"如果把特点式的人物放进来，那这就变成纪录片了，不画人，则是艺术片。就会让更多的人有一个思维和冥想的空间。"① 与其相似的还有"80后"傅察丹晴的胡同主题作品。

张惠苑认为，"当现代化的改造一点点抹去城市个体的印记，北京开始通过怀旧来反扑现代化对城市历史和传统的吞食，从而力挺老北京的神圣性是不可侵犯的，展现北京的历史和传统在现代社会的超稳定性。"② 北京是世俗民间建构和解构的"传奇性"③ 城市。

（三）北京建构由传统走向现代

1978年后的中国艺术朝向多元化发展，聚焦传统和现代题材的作品皆有，但无论使用中国传统技法还是西方材料和技法，都逃避不开现代性对技术手段和思想观念的影响，这与时代对艺术家的冲击紧密相关。仅以绘画为例，郭文认为，城市题材山水画"是对传统绘画的继承与创新，是吸收借鉴西方外来文化的产物，拓宽了传统山水画技法的表现手法与造型的表现形式"。陶花认为现代中国花鸟画的特征是在古代花鸟画基础上进行"各种元素的添加与融合，注重色彩的应用"④，"从长远发展的角度讲，呈现我国花鸟画的现代性⑤尤为重要"⑥。对于绘画现代性的体

---

① 任知：《艺术人生路上，坚守那份宁静与阳光——黄有维先生访谈》，据豆瓣网：https://www.douban.com/note/146169160。

② 张惠苑.跌落在世俗中的传奇——论1980年以来怀旧视阈下的北京书写[J].人文杂志，2013（1）：61.

③ 张惠苑.跌落在世俗中的传奇——论1980年以来怀旧视阈下的北京书写[J].人文杂志，2013（1）：61.

④ 陶花.中国花鸟画的现代性[J].美术教育研究,2019（13）：26—27.

⑤ 陶花认为现代性不是单一、片面的艺术体现，而是展现更为美观、大气、多元的艺术形态。

⑥ 陶花.中国花鸟画的现代性[J].美术教育研究,2019（13）：27.

现，吴冠中 2006 年的作品《故宫》可为经典案例，对这个中国的、北京的传统象征建筑群，陆艳清认为"构图造型一别传统表现建筑的手法，画家采用俯瞰的视角，只是用粗放的笔触构筑出故宫的金顶红墙、偌大庭院等模糊的视觉印象，恍惚迷离，写意兼带抽象，用梯形、长方形、菱形、三角形等几何形块进行交接、重叠、组合、分离，突出一种形式构成，从构图造型到表现手法，都颇有现代主义的意味"[①]，彰显出画家对国画现代化的求索。油画家李秀实积极探索油画民族化，以"墨骨油画"为创作目标，1990 年创作了《京华遗韵》系列作品，2000 年以后创作了《黑狗系列》，此外还有《什刹海系列》等，"以自由随意的线条为'骨'，以斑驳淳厚的色彩为'墨'"[②]。故宫、鼓楼、什刹海等传统地区及建筑是他结合西方现代色彩展现中国气息的表现对象，这些表现对象源于画家儿时在老北京的居住经历，整体风格透露出沧桑感，"灰墙灰瓦的老胡同，红墙绿柳的故宫……这种深厚的历史情怀，常使他触景生情，灵感闪现，成为他艺术创作的内驱力……名师的启蒙，特别是改革开放，能呼吸到更多新鲜空气，心胸更加开阔之时，一种强烈的现代意识、自我意识、创新意识油然而生，不可遏制"[③]。2013 年他的作品《传承》前景为古代寺庙，后景为王府井的现代高楼建筑，画作主题强调传统与现代的融合，这与他的艺术探索和追求一脉相承。

美术领域在人的表达方面率先引发现象。1979 年 4 月至 10 月，袁运生、张仃等画家为首都机场完成壁画《泼水节——生命的赞歌》，鲜明高调地赞颂生命和人性，成为改革开放的标志性事件。1979 年 9 月 27

---

① 陆艳清. 形巧意深、臻于妙境——吴冠中绘画作品《故宫》之审美解读 [J]. 艺术研究，2019（3）：20.

② 李秀实，贾德江主编. 中国当代名家画集 [M]. 北京：北京工艺美术出版社，2006：5.

③ 李秀实，贾德江主编. 中国当代名家画集 [M]. 北京：北京工艺美术出版社，2006：10.

日举办的"星星美展"形成革命性的艺术事件，主旨为"寻求真实"，促成了中国当代艺术的生发。1985 年"85 新潮"美术运动来临，画家的作品"都在不同程度、不同方面揭示了特定时代环境中人们的精神面貌和生活状态，并对其背后存在的深层社会原因和时代问题提出了追问"①。至 1989 年，"随着'现代艺术大展'帷幕的骤然落下，自'星星'以来的整个现代艺术运动戛然而止——20 世纪下半叶的又一'黄金时代'宣告终结"②。80 年代美术领域的先锋探索令人向往却与北京无关。关于北京，80 年代由文学领域率先开始对传统进行回望，这种现象直至 20 世纪 90 年代以后"传统的北京形象再也无法成为代表北京主流文化的叙事背景，即使是偶尔出现的传统形象在 90 年代的小说中也被赋予了明显的现代色彩，古老建筑原有的古典的意义被高度地抽象化，变成了中国'现代性'的表征"③。"他们笔下的北京想象是具有现代都市色彩的北京，甚至还是异化的物质北京，还是具有小镇风情的北京"④，北京的"乡土化"意象发生了变化已不能代表整体。郭瑞芳认为现代北京"文学形象"的塑造在中国大的社会转型时代背景之下，"呈现出了不被传统同化的现代审美精神，即世俗的、先锋的、多元的新审美精神的确立与转向"⑤。"当商业时代的流行审美趣味取代了传统的艺术鉴赏或品鉴的时候，艺术的

---

①　张开封 .20 世纪两个时期（1927—1937,1979—1989）的美术运动之比较研究 [D]. 鲁迅美术学院 ,2015：21.

②　张开封 .20 世纪两个时期（1927—1937,1979—1989）的美术运动之比较研究 [D]. 鲁迅美术学院 ,2015：25.

③　郭瑞芳 . 现代北京"文学形象"的审美研究——以 1990 年后的小说为例 [D]. 首都师范大学 ,2012：13.

④　郭瑞芳 . 现代北京"文学形象"的审美研究——以 1990 年后的小说为例 [D]. 首都师范大学 ,2012：27.

⑤　郭瑞芳 . 现代北京"文学形象"的审美研究——以 1990 年后的小说为例 [D]. 首都师范大学 ,2012：23.

内在逻辑关系已开始被解构，传统艺术家的精英身份也在逐渐丧失，平民也可以享受艺术"①，意味着大众文化消费时代来临。杨斌也认为消费文化导致了90年代审美诉求的世俗化转向②。在这种文化背景下，人的思想观念较80年代更为开放，仅就《泼水节——生命的赞歌》封堵裸女人体部分的假墙被拆除这一事实就可以证明这一点。

曾一果认为"20世纪90年代中期以后，北京离它的'传统形象'就更加远了"③。彭明艳、邱华栋、曹桂林建构了"超级现代性"④的北京，"曹桂林的《北京人在纽约》首次把'北京人'作为北京的象征符号放进了全球化的城市谱系中"⑤，邱华栋则塑造了"妖魔化、全球性的超级大都市，使北京失去了独特性"⑥。"邱华栋笔下的北京形象是符号化的，充满象征与隐喻的"⑦，其小说"欲望争逐者和梦想守望者的区别塑造，一方面体现了作者对城市生活的全面体验，另一方面则表露了作者对城市问题思考的'现代性与反现代性'的双重态度"⑧。北京是物质的、分阶层的，作者对"世俗欲望"⑨进行书写，"解构北京以往在他们（外省青年）印象中的神圣形象"⑩，"北京已经脱离了地域特色而以全球化都市的形象出现，北京的地标建筑、日常空间无疑都充满了消费的气息，大量的消

① 张开封.20世纪两个时期（1927—1937,1979—1989）的美术运动之比较研究[D].鲁迅美术学院,2015：51.

② 杨斌.消费文化与中国20世纪90年代美术[D].首都师范大学，2004：24—27.

③ 曾一果.传统与变迁：新时期小说中的"北京形象"[J].扬子江评论,2008（6）：90.

④ 曾一果.传统与变迁：新时期小说中的"北京形象"[J].扬子江评论,2008（6）：90.

⑤ 曾一果.传统与变迁：新时期小说中的"北京形象"[J].扬子江评论,2008（6）：90.

⑥ 曾一果.传统与变迁：新时期小说中的"北京形象"[J].扬子江评论,2008（6）：91.

⑦ 赵学佳.邱华栋笔下的北京形象[J].宜宾学院学报,2010（8）：64.

⑧ 赵学佳.邱华栋笔下的北京形象[J].宜宾学院学报,2010（8）：64.

⑨ 郭彤.邱华栋小说的北京书写与城市症候[D].河北师范大学,2017：2.

⑩ 郭彤.邱华栋小说的北京书写与城市症候[D].河北师范大学,2017：9.

费景观刺激着生存在都市的外来者"①，其勾勒的闯入者的世俗欲望抛弃道德和人性，中产阶级物质达到一定水平但出现精神危机，"新阶层"知识分子形象"已经开始走向世俗，并在物欲的召唤下放弃了理想与道德"②。叶凌雯认为北京书写的独特性为"理性、宏大、粗狂、启蒙姿态"③。北京已经大到可以用环路区分形象。邱华栋笔下全球化消费语境下的三环路北京在空间上是"绝对焦虑"的，用"接近于现代主义式的书写方式"描绘与传统北京节奏迥然不同的"当下""物化"④的北京。徐坤用一种"反精英的精英文化，反先锋的先锋写作"⑤书写四环路的知识分子的北京，"用世俗的形式表达雅致的关怀"⑥，对知识分子"既有解构又有期望"⑦。研究者关于三环路、四环路的空间意识，本身带有物质的、现代性的体现。顾彦秋认为"徐则臣所写的北京是局部的北京，更是边缘的北京。北京时刻以黄沙漫天、满布灰尘的形象呈现在读者面前。"⑧"方言与口音让小说主人公们在一片纯正的京腔中格格不入，说话带'京味儿'也成了那些在北京比较能混得开的人所具备的首要特长，北京人身

---

① 郭彤. 邱华栋小说的北京书写与城市症候 [D]. 河北师范大学,2017: 7.

② 郭彤. 邱华栋小说的北京书写与城市症候 [D]. 河北师范大学,2017: 29.

③ 叶凌雯.20 世纪 90 年代以来的北京书写——以王朔、邱华栋、徐坤为例 [D]. 厦门大学,2008: 5.

④ 叶凌雯.20 世纪 90 年代以来的北京书写——以王朔、邱华栋、徐坤为例 [D]. 厦门大学,2008: 20.

⑤ 叶凌雯.20 世纪 90 年代以来的北京书写——以王朔、邱华栋、徐坤为例 [D]. 厦门大学,2008: 25.

⑥ 叶凌雯.20 世纪 90 年代以来的北京书写——以王朔、邱华栋、徐坤为例 [D]. 厦门大学,2008: 26.

⑦ 叶凌雯.20 世纪 90 年代以来的北京书写——以王朔、邱华栋、徐坤为例 [D]. 厦门大学,2008: 25.

⑧ 顾彦秋. 徐则臣笔下的"北京"与"都市边缘人"形象——以系列长篇《新北京 I：天上人间》为例 [J]. 北方文学（下旬）,2017（7）：21.

上的那种无形的优越感在这一声声的强调中变得形象具体了。"① 徐则臣
笔下的主体是"都市边缘人"，"奔跑是日常生活状态、嗜麻辣是这群都
市边缘人共同的饮食习惯，作家赞赏并羡慕这些人快意洒脱的人生态度
以及那种未被规训的恣意鲜活的生命力。"② 这些物质的、边缘人的书写
凸显作者对北京现代化进程中人与城的关系的思考，北京在这一时期的
文学作品里是"现代社会"的代表。然而董晓霞认为，在冯唐笔下 20 世
纪 90 年代的北京是"骚动的现代都市，有一种内在的精神紧张或是一种
暧昧态度"③，既是孤独又是"缺乏文化辨识性的国际化都市"④，城中人是
"在俗世中发现俗的乐趣"的"浪荡游民"⑤。冯唐与这一时期其他作家相
比有一个明显特点就是其回溯的视角，他不仅描述当下，也回溯 80 年代
的美好，这方面他似乎在延续传统，但精神上他又与其他作家一样，对
北京现实进行批判，只是本地人和外来者的角度不同。赵学佳指出："'文
学中的北京'具体体现传统与现代之间复杂吊诡的城市形象；'文学中的
北京'在现代作家的想象与经验表达中是传统文化与现代性经验混杂冲
突的矛盾集合体"。⑥90 年代后半期，晚期资本主义所带来的震惊和迷乱
较前更甚，对这时才"真正开始现代化初创阶段"的中国人来说，"黄沙
漫天"的精神困惑再次袭来，北京作为时代的代表、中国的代表，一方

---

① 顾彦秋.徐则臣笔下的"北京"与"都市边缘人"形象——以系列长篇《新北京 I:
天上人间》为例 [J].北方文学（下旬），2017（7）：21.

② 顾彦秋.徐则臣笔下的"北京"与"都市边缘人"形象——以系列长篇《新北京 I:
天上人间》为例 [J].北方文学（下旬），2017（7）：21—22.

③ 董晓霞.从空间到时间的北京想象与追忆——论冯唐的"万物生长三部曲"[J].天水
师范学院学报,2014（1）：64.

④ 董晓霞.从空间到时间的北京想象与追忆——论冯唐的"万物生长三部曲"[J].天水
师范学院学报,2014（1）：64.

⑤ 董晓霞.从空间到时间的北京想象与追忆——论冯唐的"万物生长三部曲"[J].天水
师范学院学报,2014（1）：65.

⑥ 赵学佳.现代作家的北京想象与经验表达 [D].兰州大学,2012：3.

面有着与国家的相似性，另一方面其乡土化（都市边缘的情况）仍盛，因而，北京的形象不复美好，但是有活力。

美术领域对北京老城区形成自觉的群体性表现从 20 世纪 90 年代开始，北京对老城区持续的基础面貌革新引发了艺术家的关注。但表现主义油画家王玉平的创作与许多 90 年代开始画北京的画家不同，他"强调个体实在经验的丰富和细腻，抑或也是一种将平庸化、世俗化生活意义的一种提升和再发现"。他的北京画面里有人的出现和描绘，有世事。他希望在形式和技术方面丰富的当下寻找"撩人心绪的东西"①，因而采用写生形式用丙烯油画棒的画法和随意的笔触对 2010 年以后的北京老城区（主要表现对象为民国及民国以前建造的建筑物）做"具有市井后现代的创作"②，王森认为"现代性是王玉平绘画创作的精神背景"③，他"追求一种自由、内心情感的宣泄，用传统中国画的写意和夸张变形把西方的表现主义结合在一起，形成了自己独特的绘画语言"④。他从 2010 年前后开始将目光投向土生土长、熟悉又陌生的北京，这种投向并不仅是受到北京胡同物理空间巨大变革的影响，而是受到北京整体人文环境变化的影响⑤而作出的家园想象⑥。2000 年后，官方单位和协会开始有计划组织关

---

① 《王玉平画北京》，据 360 文库网，http://www.360doc.com/content/17/0318/12/32188 509_637881354.shtml，2017 年 3 月 18 日。

② 冯博一：《王玉平油画的世俗表达》，据中央美术学院网，http://www.cafa.com.cn/ c/?t=835645,2014 年 2 月 14 日。

③ 王森.王玉平绘画中的观念与语言 [D]. 河北师范大学，2015:5.

④ 王森.王玉平绘画中的观念与语言 [D]. 河北师范大学，2015:4.

⑤ 王玉平谈道："我走进这个喧闹的城市，沉落在画面里，反而觉得异常的宁静，所有声音都成为背景，眼前像是默片，都在动，却不出声儿……"他认为北京熟悉的是记忆里的宁静，陌生的是眼前的喧闹。引自：《王玉平画"景山前街"》，https://www.sohu.com/ a/128994237_317747，2017 年 3 月 15 日。

⑥ 冯博一：《王玉平油画的世俗表达》，据中央美术学院网，http://www.cafa.com.cn/ c/?t=835645,2014 年 2 月 14 日。

于北京的主题创作，这与国家对北京的定位有关，北京逐渐摆脱工业的约束，其文化功能重新受到官方重视。2003 年，北京大学召开以"北京：都市想象与文化记忆"为主题的学术会议并形成文集 ①，收集关于全真教活动、"三大市"、旗人生活、北京"堂子"、方言与说书人、20 世纪 30 年代北平的大众文化与媒体炒作、北京民俗与政治等论文，从此论文集可以看到 21 世纪中国学者对民国时期北平的研究视角多注重世俗文化中的人与生活，脱离了皇权高度集中、经历政府南迁的北平成为世俗文化的集中地，是当代人对老北京回忆的主体。2003 年，北京画院组织"北京风韵"系列创作活动，至 2009 年共创作 600 多幅作品，2009 年 7 月 9日，北京市文化局和北京画院联合主办"华彩北京美术作品展览"，从中挑选 150 多幅作品参展，反映北京 60 年巨变和独特地域风采，多以古今经典景观为主，其中有一个系列"胡同、院子、日子"共 12 幅组画凸显平民视角，一副《夜读》（胡南开作）俯瞰描绘夜晚平整的四合院区域，只有一家黄色灯光显现，整个画面虽没有人出现，但却表现出人在画中、幽静的夜读意境，展现北京夜间世俗生活的一个侧面。另有专门创作的奥运组画，其中奥运组画部分之一、八、九等皆为展示北京景象的画作，主题有鸟巢侧写图与鸟巢附近市景俯瞰图、东三环国贸俯瞰全景图。奥运组图之七在画作中幻化北京百年文化精粹代表，主要视线集中在京剧人物、老者打太极、外国人放风筝等上，背景虚化清末民初的婚丧嫁娶队伍，古今中外汇聚一堂。表现出北京极力将历史与现实串联，以中国、族群的面貌展现于世界（通过奥运会）的立意。与画家王玉平的视角和观察时间相近的有音乐创作者郝云，原籍河南的郝云十几岁定居北京，于 2006 年推出了自己的第一张原创专辑《郝云北京》，他创作的民谣歌

---

① 陈平原，王德威编.北京：都市想象与文化记忆[M].北京：北京大学出版社，2005.

曲被称为"京味儿民谣",演唱者用京味儿语言结合三弦、京剧、鸽子等京味元素一改民谣伤感、颓废的曲风,充满诙谐幽默的积极风气,歌曲名称和歌词内容具有鲜明的北京特色,如《北京北京》《这个城市》《太平盛世之小西天》《串儿》等,传统文化与现代民谣相结合,勾画出21世纪的北京人与其态度,在音乐界刮起一阵"北京味道"。歌曲用表面的风趣幽默温和地传递着对北京现状的思考。他的歌曲借由网络传播,北京的文化元素舒缓人们现实的紧张,抚慰着人们的精神,正如歌词中所说"北京它改变着你我的生活"①。虽然使用了很多传统元素,但音乐整体旋律与节奏传递出新时代气息。

2010年以后随着全球化的深入影响,北京被纳入国家化的都市计划,北京市文联主办"北京意象"大型美术创作工程,每年与一个区合作,全面立体地宣传北京国际文化之都的形象。2011年开始,北京市文史馆开始组织专家和画家开展北京重大历史题材美术创作工程,有人物组画和山水组画等主要形式,宣传北京历史文化的深厚底蕴,为北京建设全国文化中心服务。2017年8月24日,北京市文史研究馆主办了"北京市重大历史题材美术作品展",共展出19幅作品。其中,《换了人间——1949·北京》用中国写意水墨的形式展现开国大典中的伟人群像,背景虚化处理,突出人物。汪光华创作的《清末民初北京万象图》以中轴线为视觉中心线,"以全景视角俯瞰巨变中的古城:纵横交织的街衢、集市和多如牛毛的坊巷胡同,以及世代居住在此的芸芸众生。"②"最完整地展示了老北京城包括四角楼的上九下七,十六座瓮城之全貌。图中描绘了清

---

① 歌曲《北京北京》中的歌词。

② 胡子轩:《北京重大历史题材美术作品展回顾》,http://ex.cssn.cn/ysx/ysx_ysqs/201905/t20190516_4896575.shtml,2019年5月16日。

末到民初北京的重大历史事件、重要历史人物和典型建筑、风俗民情。历史事件包括溥仪上房外望、国会选举风波、五四大游行、火烧赵家楼、正阳门视察、袁世凯海晏堂集会、黎元洪拒绶亲王匾、段祺瑞执政府、李大钊红楼举事、陈独秀撒传单、毛泽东陶然亭密会、鲁迅在女子师范学校、查封报馆……北京的护国寺、隆福寺、蟠桃宫三大庙会、正阳门外、天桥、大栅栏、八大胡同、琉璃厂尽在一览之中。"①其绘画立意于历史中凸显世俗人文故事，将著名人物事件与北京古城融会贯通。2018年，北京炎黄艺术馆举办两届"美在京津冀"——纪念改革开放40周年美术作品展，均为中国画和油画作品，形式风格多样，其中表现北京胡同或街景的画作皆为写实的现实主义风格，大部分描绘北京人物的作品色彩鲜艳，其中有一幅描绘年轻喇嘛的画作，居中的年轻喇嘛神情疲惫，在走路过程中闭眼摸脸，喇嘛们有高兴的也有沉默的，体现世俗人性的一面。

清末以来，文艺作品对北京的建构有着清晰的传承脉络，北京在1978年后才真正逐步走向现代。1978年后中国文艺创作者基于现实主义创作原则，从人性出发，建构人与城，进入当代的创作者在经历了社会主义建设与变革和西方文化的精神洗礼后，即便是书写传统，也是用现代的眼光与风格，延续着20世纪30年代以来书写对象与书写笔法皆世俗的方式。中国文艺作品在对北京进行阐释时一般都不体现先锋性和实验性，主要着力刻画首都角色和地方特色。中国艺术家充分掌握西方理念和技法，但在表现北京的人与物时，一般都采取中西结合的手法，这与北京的中国意义和北京的传统意义和历史意义紧密相关。文艺作品对北京的勾勒，无论是上层策划与设计的创作还是个人行为的创作，都自

---

① 大型风俗画《清末民初北京万象图》展览现场文字介绍。

觉或不自觉地体现着创作者对北京面临不同阶段现代性的思考与反映，体现人文主义的思考与关怀。1978 年以后北京的文化定位深刻地、直接影响着文艺创作，北京或为宏大的、历史的总体承载，或为世俗民情的风情由来。在不重视文化定位的现代化进程中创作者试图通过作品留住北京的传统，在国际化的构建中，北京的历史与传统与在人们心中的位置重又受到官方重视，老北京具有永恒的意义。

　　赵园在谈北京城与人的关系时认为"对于中国知识分子，北京是熟悉的世界，属于共同文化经验、共同文化感情的世界。北京甚至可能比之乡土更像乡土，在'精神故乡'的意义上，它对于标志'乡土中国'与'现代中国'，有其无可比拟的文化形态的完备性，和作为文化概念无可比拟的语义丰富性"①。张英进在其著作《中国现代文学与电影中的城市》中进行北京构形分析时，文本只有文学作品，而将电影作品都用于对上海的构形分析中，这从另外一个角度说明很多学者认为电影对上海形象的塑造极为重要，功不可没，研究者眼中的上海更具备"现代性"，而作为传播媒介的、相较电影而言略为传统的文学是最适合表现北京的文本。北京虽然很早就面临现代性的侵袭，然而无论是文学创作者还是研究者都更倾向于它的传统性、乡土性、家园性，直到 90 年代中期前后，北京的现代性以避无可避之势终于开始直接地、大范围地出现在作家笔下。展现的同时亦精神上营造怀旧的氛围。

---

① 赵园. 北京：城与人 [M]. 北京：北京师范大学出版社，2014：11.

第三节　电影基调：多元维度与态度

改革开放后，中国电影创作者亲身经历新时期新风貌，逐渐抛弃单一的建构方式以及政治化、观念化的建构手法，以现实主义创作理念多元化、多角度、多维度思考北京的时代发展与社会变迁，建构了电影北京。

1978 年以来，中国电影对北京的描摹与刻画以城市背景可划分为三类：一类以北京为主要叙事背景，以北京为故事发生地，突出北京城市存在，如王好为《夕照街》（1982）、宁瀛《找乐》（1992）等作品；一类以北京为故事发生地但不强调北京城市存在，如谢飞《本命年》（1989）等；还有一类将北京作为首都描摹刻画，如《建国大业》（2009）、《六年六天》（2017）等。以时代背景可分成三类：一类表现 1949 年以前北京的故事，如《骆驼祥子》（1982）、《茶馆》（1982）、《城南旧事》（1983）、《离婚》（1992）、《霸王别姬》（1993）、《西洋镜》（2000）、《梅兰芳》（2008）、《邪不压正》（2018）等电影描写旧社会、传统社会中人的境遇和追求；一类表现新中国成立后至改革开放前的故事，如《如意》（1982）、《阳光灿烂的日子》（1994）等表现社会主义向往中的人的境遇，展现特殊时期人的情感；还有一类是表现改革开放后的故事，从《瞧这一家子》（1987）、

《夕照街》（1982）、《锅碗瓢盆交响曲》（1983）、《盛夏和她的未婚夫》（1985）、《父与子》（1986）、《顽主》（1988）、《长大成人》（1997）、《上车走吧》（2000）、《十七岁的单车》（2001）、《泥鳅也是鱼》（2005）再到《杜拉拉升职记》（2010）、《老炮儿》（2016）、《万物生长》（2017）等影片面向北京社会出现的各种问题进行了现实主义的关照。值得注意的是，80年代初出现的一批对民国北京进行书写的电影皆与"京味文学"的回望角度一致，互相影响、互相渗透，表露出反思态度。这种具有北京地域特色和人文思考的创作80年代中后期减弱，表现现代化都市中迷茫情绪的作品越来越多。90年代北京的改造使得"青春"回忆成为创作主体，人的青春与老城融为一体形成另外一种怀旧面貌。2000年以后外来人群成为北京题材电影的表现主体，北京老城内外涌动着人群的活力，然而老城出现得越来越少，"国贸"地区现代化建筑在电影中成为北京的新地标。2010年后北京的消费主义新活力因素成为创作主体。随着开放程度的深入，以北京题材为主的电影从各种角度观察着现代化进程中的北京，也有许多表现北京文化传统的影片。北京作为首都、都市、家园、文化中心的形象立体而丰富地呈现在中国电影中。不论是以民国为背景还是当代北京为背景，1978年以来的电影创作皆竭力表现人性，为人物赋予现代精神，其电影表达手段也充分展现"电影语言现代化"的追求。

北京题材作品在20世纪八九十年代集中体现出西方理论集体涌入所造成的几个"主义"并存的局面，如新古典主义的《夕照街》（1982），现代主义的《顽主》（1988）和后现代主义的《本命年》（1989）、《像鸡毛一样飞》（1990）等。不同创作者秉持着不同的艺术态度和创作手法对北京进行建构，然而从现代主义、消费社会角度看，这些创作都呈现出世俗化的倾向。即便是在新古典主义的创作中，对北京的形象塑造、电影创作空间等的选择依然是以世俗化的胡同、人际关系等为基础的，对环境的描绘与塑造是呈现现代化、消费化追求的。后现代主义创作也将北京老城区的人、事、物作为拼贴、对比展现的对象，呈现出老城区新人的形象。受到北京首都功能与21世纪前传统定位的影响，21世纪前用先锋手段表现北京题材的创作不多，有王秉林导演喜剧电影《父与子》（1986），对传统父子关系的新型视听表现；孟京辉《像鸡毛一样飞》（1990）的主客观随时切换与话剧形态以及先锋音乐形态；张艺谋《有话好好说》（1996）中始终摇晃的镜头和传统与现代结合的配乐等。21世纪后从杨亚洲的《泥鳅也是鱼》（2005）中火车声或马路车流声淹没男女主人公对白的手法；李玉的《万物生长》（2017）中广告视听手段的融入，直至《邪不压正》（2018）的屋顶跑酷等，北京在这些作品中与自身的地域特色和传统渐行渐远，与现代人的精神与追求紧密贴合，极其鲜明地打下了出品年代对艺术作品的深刻烙印。

从现代性的角度来看，绝大部分的北京题材作品采取回望、怀旧的视角与态度，表现出"反现代性"的一面，这种情绪延续至《老炮儿》（2015）和《邪不压正》（2018）。而表现与现代化和国际化、全球化同步的作品在20世纪80年代如《盛夏和她的未婚夫》（1995）、90年代如《民警故事》（1994）直至21世纪后《杜拉拉升职记》（2010）等都分阶段展现出40年内北京不同发展阶段对人的影响，作品的创作规律明显映射出北京的社会发展现状，同时电影也建构着晚清至今不同发展阶段的北京，其中2000年至2010年虽然也拍摄了不少作品，但商业上和口碑上受人关注的作品极少，只有《无穷动》（2005）呈现出与其他影片极为不同的先锋实验风格而其表现的人群则是非富即贵，与其他影片的表现主体差异很大。这十年的电影现象折射出北京的现实发展正在迎接奥运会的准备期，既没有 90 年代的大拆大建令人震撼，也没有 2010 年以后城市发展进入另一国际化追逐的成果那么突出，求新的电影艺术少有代表性作品。

从创作者的谱系角度看，关于北京的题材不在"第五代"乡土中国的宏大叙事中出现，虽然文学领域和文化研究领域将北京当作"乡土中国"的代表，但对电影这种综合媒介来说，中国广袤的农村更能展现电影的能力。同时"上山下乡"的经历使农村对"第五代"的影响极大，回城之后更促使他们反思"文革"，鼓励他们高举旗帜。相比而言，反而是"第三代""第四代"于 80 年代初期更为温和地创造了《骆驼祥子》（1982）、《城南旧事》（1983）、《如意》（1982）、《夕照街》（1982）等经典，对过去的思考与对美好生活的向往聚集在作品中。20 世纪 80 年代中后期至 90 年代初期受到西方艺术理论和表达手段的影响，"后第五代"将视角集中在"明快亮丽的当代生活"[1]，黄建新的"城市三部曲"、夏钢的"城市电影"、宁瀛的"北京三部曲"、米家山的《顽主》等将北京的城市性、现代性、文化性、人文性进行了市民层面的思考，表达"更为平常亲和的人生感悟"[2]，陈凯歌"电影创作的基调一直是那种和中国血缘关系断然撕裂的痛楚，并始终袒露士大夫式的精神忧愤，强调历史哲学的表达"[3]，于是他选择覆盖近现代历史的《霸王别姬》（1993）。而张艺谋则用《有话好好说》（1997）展现了一个躁动盲动的北京，面对时代遗留问题，如赵小帅；新生问题，如刘德龙；以及文化人张秋生精神上受到极大冲击。21 世纪后，大部分"第五代"少有对当代北京刻画的作品，

---

① 杨远婴，潘桦，张专.90 年代的"第五代"[M].北京：北京广播学院出版社，2000：5.

② 杨远婴，潘桦，张专.90 年代的"第五代"[M].北京：北京广播学院出版社，2000：5.

③ 杨远婴，潘桦，张专.90 年代的"第五代"[M].北京：北京广播学院出版社，2000：6.

张艺谋跨界为现实中的北京奥运谋划中国形象，陈凯歌则继续自己的历史与人文回望，2005 年杨亚洲通过《泥鳅也是鱼》让人亲闻了北京"皇城"中聚集的农民工的群体气息，天南海北的乡村力量深入北京改造的每个环节中，包工头泥鳅在新来农民工面前宣扬自己的能力——"北京那么大，我平蹚"[1]，在女朋友孩子丢失后他却安慰说"北京这么小"[2]，既大又小的北京充分反映出包工头泥鳅志得意满时的自信心理，北京是所有人的舞台但又残酷淘汰了很多人。20 世纪 90 年代对北京进行展现的主力应为"第六代"，"第六代"中很多创作者皆出生于北京，如导演路学长、管虎、娄烨、张杨等，他们的主创团队也有很多为北京人，他们的青春时期都是在北京度过的。更重要的是 90 年代电影人受到市场经济和电影体制改革的影响，毕业后没有电影制片厂接收，迫使他们探索拍摄独立电影，在资金规模有限的情况下，就地取材、实景拍摄的小成本制作成为必然的选择，因而北京是必然的选择。同时，北京在 90 年代具备其他城市没有的艺术资源优势，电影人的文化活动范围以老城区为主要区域，因而他们对北京老城区的熟悉度很高。然而从"第六代"的作品中我们也可以看到 90 年代中间北京的形象也有区分，《北京杂种》（1993）以西方现代文化元素——摇滚作为时代文化潮流的代表，以北京为文化思考对象，如影片介绍所强调的一样"面对'杂种'们杂乱的生活，北京依然显得格外沉静"。《长大成人》（1997）中"70 后"眼中的北京由周青自始如一的旁白语音和淡淡的吉他音而呈现出怀旧和伤感，周青长大成人后始终寻找自己的精神导师而显露出他与时代的隔膜和精神追求，但其成年后的行动又呈现出与社会共同进展的躁动感，北京高大的

---

① 电影《泥鳅也是鱼》中的对白。

② 电影《泥鳅也是鱼》中的对白。

城墙和铁道路段生活成为他精神追寻的目标。无论是面对还是怀旧，"第六代"的独立电影中都是边缘人与底层人群，没有本地与外地之分。这种情绪与表达方式即便在 21 世纪也基本未改变，一直延续至《老炮儿》（2015）。《十七岁的单车》（2001）直接将"山地车"这个学生群体身份的象征物抛出引发情节矛盾冲突，北京老城与城乡结合部交错展现，在视听层面都形成强烈对比。与此同时，面对"断裂"①的 90 年代社会现状，姜文献出了《阳光灿烂的日子》（1994），让人们看到怀旧的对象不仅有民国时期的"京味儿"，还有新中国形成的"大院文化"，这群曾经骄傲的群体在 90 年代也慢慢失却光芒，这种特有文化反射在夏日午后暖光的屋顶上，在自行车飞驰的胡同中闪闪发亮。面对 2008 年以后的新北京，徐静蕾用《杜拉拉升职记》（2010）提供了新的阐释，物质追求、消费社会的特征与北京新地标的时尚与主流感出现在该片中，北京的国际化都市追求大张旗鼓地在电影中展现。

如今我们在电影中看到的多元面貌的北京，是借由电影文学、电影视觉和电影听觉建构的，在建构过程中，电影声音与北京建构关系与上述艺术建构总体特征是一致的，其观察视角、艺术规律等皆在大局上统一。电影声音从技术与文化角度展现出巨大的作用。但从声音角度看待这一构建与变化的研究少之又少，因而本书从第二章开始将具体从声音角度切入将本章所得宏观框架深入展开。

---

① 孙立平. 断裂：20 世纪 90 年代以来的中国社会 [M]. 北京：社会科学文献出版社，2007.

第二章

电影声音建构身处剧变期的北京

1990 年，张暖忻导演电影《北京你早》中一场戏至今令人惊叹：售票员艾红坐在嘈杂的公交车上戴着耳机听英文歌，神情恍惚，听音乐的同时看着自己工作时所面对的情景——主观镜头中分别呈现售票员王朗在贫嘴、路上的车流、男朋友司机强子在开车以及自己日复一日的生活工作等，这一切在英文歌声的映衬下都显得疏离感十足。在英文歌开辟的新精神世界影响下，眼前的现实世界对年轻的艾红来说一下子变得陌生、变得"土"，让她想逃离。公交车外路上的车流在歌曲映衬下表现出前进的、不可抑制的感觉。车外时代飞速变化，车内的底层生活变得落伍，这种现代性冲撞通过声画蒙太奇生动、真实地传递出来。可以想象，挣扎在社会底层的艾红在 1990 年受到这种代表未知新世界的音乐"侵袭"时，其内心的震惊感。创作者对西方音乐、中国社会与底层中国人之间在特殊时代的现代性思考在这个段落中展露无遗。

从现代性的视角回望，1978 年后的电影北京一直处于上述的"冲撞"状态中，这里借用电影《大冲撞》的片名用以表达其剧烈程度。1976 年长达十年的"文化大革命"结束，1978 年十一届三中全会讨论把全党的工作重点转移到社会主义现代化建设上，作出了实行改革开放的决策。但在执行决策过程中，从中央到地方都经历了"调整、改革、整顿、提高"的过程，这个阶段至 1982 年北京召开第五次党代会前后结束。1982 年至 1992 年是全面展开阶段，1993 年至 2002 年是深化和系统推进阶段。

2002 年以来是攻坚阶段①，"这个阶段，经济社会发展过程中的各种深层次矛盾和制约因素会逐步显现出来，进一步改革开放面临巨大的机遇和挑战。"② 北京题材电影对改革开放各阶段特征皆有所反映，对现代化进程的批判性展现从 20 世纪 80 年代末《顽主》（1988）即开始，然而从声音层面的真实的现代性反映却基本从 90 年代伊始，同时北京题材电影也在声音层面上建构着阶段性的北京新形象。北京在这 40 年中处于传统与现代并存，"前现代""现代""后现代"并存的时期，情况复杂多样，但基本上在积极学习西方的同时走着中国人自己设计的、有中国特色的现代化建设道路，因而出现了许多与西方现代化过程不同的现象，它们在电影中的展现极具研究价值。

---

① 温卫东. 北京改革开放历史进程简述 [J]. 北京党史，2008（1）：12.

② 温卫东. 北京改革开放历史进程简述 [J]. 北京党史，2008（1）：14.

第一节　技术实现：空间复现与建构

一、北京声音环境的复现

（一）电影声音技术与还原真实

电影故事片是虚构的，它建立在主创者的想象基础上，电影声音创作依赖技术实现，也受到时代影响。电影声音技术直接决定创作者对影片真实建构的能力，决定影片对物质世界的复原愿景及复原程度。中国电影故事片创作在 1978 年至 2000 年经历过一个特殊变化时期。新中国成立后璀璨的"十七年"电影时期，创作者在声音方面一直秉持着 20 世纪 30 年代以来同期录音的方式，随后在"文化大革命"十年期间，全国人民的电影食粮基本上只有 8 部样板戏，受到样板戏先期录音工艺的影响，也受有限经济条件的制约，同期录音工艺被搁置起来，样板戏"高大全""假大空"的叙事模式使中国电影创作进入了一个低谷。1978 年改革开放后，中国电影"第五代"创作者拓展了国内外优秀电影的视野，扛起了视听语言变革的大旗，反对虚假的创作，这其中的一个手段就是恢复和坚持同期录音。可是"文化大革命"期间各大电影厂损失了很多中坚技术人员，不具备人员和技术条件，并且模拟时期的同期录音设备、耗材等需经费很多，还有部分电影受"文革"遗留观念的影响，种种原因使得在新时期电影创作者依然制作了大量纯后期故事片①，1990年后还有很多影片使用纯后期制作工艺拍摄。如《我的九月》（1990）导演尹力曾撰文详述该片的创作感受和设计思路，他谈道："这种风格（真实、自然、充满生活情趣②）的片子，要是能使用同期声手段，效果当然要更好一些，只是客观条件制约着我们，虽然搞不成同期声，但我们追求一种同期效果。"③

　　同期、后期两种工艺本身没有对错好坏之分，同期工艺也不是必须的手段，纯后期工艺如果认真设计与处理依然能通过模拟、虚构等技术手段达到较好的效果。中外影片都有应用后期录音工艺制作的经典电影，如《现代启示录》（1979）是后期配音的，有80多条声带。《我的九月》（1990）最多处有20多条声带。《山林中的头一个女人》（1986）获得1987年中国电影金鸡奖最佳录音奖。《我的九月》（1990）它虽然没有用到同期录音工艺，但它是1978年以来表现北京老城区生活的后期声音听感较丰富、还原度较好的影片，仅从片中人物安建军在胡同里将亚运会奖券中奖的奖金捐出后从胡同跑出到海子边的一场戏中就能听出录音师在极力营造胡同生活的真实感：安建军从胡同跑出时，记者骆玉兰追过去想采访捐款的小孩，在骆玉兰从胡同追出时，摄影机画面从右向左跟拍骆玉兰从卖彩票的移动车向画面左侧跑出。这时，画面背景里有胡同的四合院院墙，路过一扇红色矮木门，看到墙上的一扇高窗，这是四合院南房开的后窗，虽然镜头只是一滑而过，但是清晰地听到锅铲碰撞的声音，这是录音师为了营造真实感而添加的声音元素。当时正值学生下

---

　　①　纯后期拍摄时录音师到拍摄现场用模拟录音机收录一些必要的声音素材备用，或者从声音素材库中选择一些声音使用。

　　②　尹力. 我的九月：发现生活的真善美[J]. 电影艺术，1991（3）：72.

　　③　尹力. 我的九月：发现生活的真善美[J]. 电影艺术，1991（3）：75.

午放学时段，胡同里的人家开始做晚饭，因而这个声音在时间和空间上都合理存在，为影片增加了生活气息和真实感。该片的声音真实度很高，对白还原度好、北京气息浓郁，长镜头对胡同、四合院流畅的铺排，都与导演尹力生于北京、长于北京有极大的关系，群杂脚步的部分缺失和全景镜头中音响声音的部分缺失，与整体声音还原情况相比可以略为忽略。然而该片使用后期录音工艺导致空间选择上有局限性，即室内景多，室外景有四合院院内、几条胡同内、学校内，像骆玉兰采访安建军等人的海子边已是外景表现的极限。尹力一语道出真言："《我的九月》（1990）是小题大作、假戏真做。它毕竟没有到巴赞本原意义的'真实'的程度，故事还是有因果关系，没有跑到安东尼奥尼和戈达尔的意义上去。这里的纪实还只是一种'准纪实'，纪实只是手法上的，是一张皮。"[①]该片并没有到胡同外的小街和大街上去拓展北京老城区的空间，这种场景和空间选择与技术实现能力有着直接的因果关系。

与纯后期故事片普遍简单、虚构的整体听感相比，在那个时代，同期录音作品在听觉上为观众带来了极为丰富的、真实的、自然的体验，使人物的存在更加真实可信，使影片整体风格、气质产生很大变化。此外，20世纪八九十年代的同期录音作品由于其模拟记录介质的因素，对环境声部分修饰得较少，因此，观众可以从那些作品中听到较为真实的社会环境声。

按时序研究1978年以后北京题材的电影创作，可以清晰看到北京题材电影从纯后期制作到加入同期制作的过程，如《北京故事》（1987）、《人间恩怨》（1987）等，都在较多的外景中真实地再现了一些20世纪80年代后期北京老城区的环境声音，如长安街上、小街上、胡同里、胡同集

---

① 尹力. 我的九月：发现生活的真善美 [J]. 电影艺术，1991（3）：73.

市里等，这两部故事片都采用以经典镜头语言完成叙事。而1992年的《找乐》，其长镜头纪实手法、实景拍摄和同期录音工艺所带来的真实感令人耳目一新。北京前门附近的真实街景声音如此自然、生动、具象的如泉涌一般涌入耳朵，使人获得极大的听觉充实感。这时才发现，20世纪90年代初的北京环境声音已然如此立体与嘈杂了，比《北京故事》（1987）中莉莉在课外班的夜校中听到的街上汽车开动的"唰唰"声更加复杂。随着经济发展和城市交通拓展，20世纪80年代的听感与90年代的听感有着从较为单一向复杂的变化。一个听觉上真实的北京由于"文化大革命"以来同期录音工艺的弃用，而在故事片中整整消失了20多年，表面上看只是一种技术手段的弃用，然而实质上这种城市声音的遁形令人触目惊心，电影与政治、历史的紧密关系显见。

导演宁瀛的"北京三部曲"为中国电影留下了独特的一笔，与《我的九月》（1990）对北京老城区的"准纪实"相比，《找乐》（1992）、《民警故事》（1995）则是"真纪实"①。这与宁瀛的意大利留学经历和她在北京生长的背景有关，宁瀛曾在访谈中说："有的时候，我看欧美的一些电影，即使是形式化的电影，如果我了解那个地域，就会感到它有某种纪实性，哪怕是再浮夸的、意念性创作发挥得再好的片子，也会看出它的本质是某种纪实性。当然，我所说纪实性范围很宽，它可能是一种现象的纪实、一种人的纪实、一种社会风俗的纪实，等等，对我来说，所有一切的真正价值就在于它的纪实性。"②在这样的创作指导思想下，不难想象主创人员在创作过程中对故事片的纪实性追求所做出的努力。同

---

① 这里采用"真纪实"表达《找乐》《民警故事》这两部故事片的纪实手法运用彻底所造成的纪实感结果，但这两部影片不是纪录片是故事片，其声音处理方式与纯纪录片有区别。

② 沈芸. 关于《找乐》和《民警故事》与宁瀛的访谈 [J]. 当代电影，1996（3）：37.

期声音为主的记录与表现方式，胶片记录介质的影响使这两部电影的听感充满了粗粝又朴实的痕迹，在多年后展现出别样的时代韵味。《找乐》（1992）中老韩头从家中胡同向外走出时看到煤场的傻子偷看女澡堂的一场戏中，胡同南侧新华浴池墙面上有半高的木窗，木窗有一扇关不上，从中传出女浴室中富有"蒸汽感"的强反射，高大空间传出的具有混沌感的妇女儿童（公共澡堂洗澡一般都是女性带着儿童，不分儿童性别）的声音，这种真实胡同澡堂的听感是后期模拟不出的。大众浴池的声音映射出北京老城区普通人的居住条件尚未完全达到西方现代化的水平，福利分房并不能覆盖所有人，绝大多数人还倚赖元代以来就存在的浴池清洁身体。这场戏中还记录了 20 世纪 90 年代末胡同中一直存在的另一种环境音响元素——胡同煤厂传出压煤的"咣咣声"，这种声音在白天依据工作需要出现，是断续的。煤场在澡堂的对面、胡同的另一侧，这种场景选择为煤场工人傻子的存在提供合理性。煤厂的声音传递出 90 年代末北京能源消费结构依赖燃煤的事实。大众浴池与煤厂皆在 2000 年以后随着北京申奥成功、政府治理污染和整顿洗浴中心而逐渐退出大部分人的生活。

（二）北京声音环境的真实展现

《找乐》（1992）、《民警故事》（1995）的拍摄年代在中国电影录音技术发展史上处于一个微妙的时期。如前所说，从"文化大革命"至 20 世纪 80 年代末，大部分中国电影使用纯后期声音制作技术，但也有部分影片使用同期录音技术。国内录音界在 1992 年开始使用数字录音设备和数字音频工作站，1995 年运用规模扩大，① 数字录音技术的可复制性意味着

---

① 该论断来自笔者与北京电影学院声音学院教授甄钊的访谈。

声音素材在混录前已经进行了多次剪辑、重叠、修饰、混合，无论是对白声音还是音响声音，都不会再像纯模拟录音时期那样一次录音成功或者很少混合。两种录音技术的效果可通过对比《找乐》（1992）和《洗澡》（1999）两部影片中对胡同澡堂的声音表现而窥见一般。从成片效果看，《找乐》（1992）对胡同澡堂内景的"记录"其真实感超过了部分使用数字录音技术的影片《洗澡》（1999）。这是因为《找乐》（1992）更注重纪实性，在对准老韩头在休息区聊天的中景之前，先用一个下移加横移的全景镜头略过老头们在浴池泡澡，镜头左下侧离镜头最近的男人的对白被清晰录制，其余群杂声趋于模糊。第二个镜头是一个俯拍休息区的全景，群杂声音丰富，但语义辨识不清，浴室内的空间感是真实的。《洗澡》（1999）对浴池内部表现更多采用特写镜头，突出老刘和儿子二明以及几位主要配角的戏份，浴池和休息区场景中主角外的群众演员没有安排丰富的戏份，多以安静泡澡和休息为主，环境声有群杂感，但素材单一，浴室空间感与声音层次感经过录音师的前后期雕琢，分明且考究，可是与《找乐》（1992）相比缺失了很多"时代感"与"现场感"。还可参照《北京故事》（1987）开篇的几场戏探知传统胡同澡堂的真实感受。《找乐》（1992）、《北京故事》（1987）展现了同期录音还原真实的能力，对真实感来说，记录介质并不是决定因素，拍摄观念与角度才是根本。相较而言《找乐》（1992）以及宁瀛的后续影片《民警故事》（1995）无论是从风格、影像还是声音部分都是"真实表现"20世纪90年代初北京真实环境声的作品。尤其是《民警故事》（1995）全部采用非职业演员拍摄，更增加了从人到物到环境的真实性。

《民警故事》（1995）一片中，杨国立带徒弟骑自行车去认管辖片区的一场外景戏真实展现北京老城区大街、小街、胡同之间的声音关系与听感。这场戏共 18 个镜头，从镜头长度、人物所在空间、画面内容及镜头景别、音响声音几个角度对这种关系和听感进行分析后，可以综合感受到 20 世纪 90 年代初北京老城区的声音听感的现代化症候。

《民警故事》（1995）主要表现的是西北二环内胡同片区的情况，还涉及结冰的护城河景象。与之相比，《找乐》（1992）男主人公老韩头没退休前的主要活动范围在南城（外城）前门附近，退休后回家居住，脚力可及的日常活动区域在西安门附近，也是北京内城的西南部。该片使用许多大街的外景作为叙事空间，有四场戏真实地展现了北京老城区西部和南部地区的环境声音。

对比《民警故事》（1995）和《找乐》（1992）两部影片的街景听觉，可以基本判断，1992 年至 1995 年北京老城区除了闹市，一般小街和胡同都有汽车涉入，只有较长胡同中部才有真正安静的环境。但是无论是闹市还是大街、小街，汽车鸣笛情况都不是很多，自行车铃声在闹市区人车交汇情况下会密集一些，但一般街道也不多。鸽哨声在胡同片区内部会出现。外城前门大街和珠市口西大街附近由于是密集的商业区，因而整条大街持续嘈杂，内城西安门附近和西北二环内的大街、小街较为安静，其中个别商业路口其嘈杂程度可比前门附近，但大街整体较为安静。由此可见，北京老城区整体上已经被交通噪声"侵入"，只有部分胡同中部保持着环境声范畴的宁静。人们还未完全走出胡同，就会被交通噪声所侵扰。这三年之间的整体情况可代表 20 世纪 90 年代以来的北京老城区听觉感受。如片中所示，西北二环内的胡同已拆除很多，2000 年珠市口西大街扩建，2006 年开始前门大街改造修复，2010 年以后西四大街也在不断调整，两部影片所展现的形成于 20 世纪五六十年代的街道景观与声音环境在 2000 年以后又发生新的变化。北京在 20 世纪 90 年代和进入 21 世纪的前十年一直处于拆改过程中，这两条街道即为时代与城市建设的缩影。宁瀛的电影中 90 年代的北京已然甚嚣尘上。

2000 年年初，电影行业状态依然低迷，不过同期录音已经是普通电影的标准配置。《上车走吧》（2000）选择同期录音且后期处理痕迹不多源于其成本低廉，管虎这部早期作品拍完第二年即转战电视剧界获得世俗认可。管虎的多部电影与北京关系密切，在北京各发展阶段均拍摄了反映北京人精神面貌的影片，如管虎在 1994 年拍摄的《头发乱了》、2000 年拍摄的《上车走吧》，2014 年拍摄的《老炮儿》，这与其出生在北京密切相关。后期配音痕迹极重的《头发乱了》其长发青年、摇滚、三角恋情、手持镜头的摇晃感组合在一起形成影像真实层面之外的声音虚幻感，女主人公叶彤回到阔别十几年的北京，却发现北京已然变化，失却了儿时的单纯而涌动着青春躁动的气息与不安，表达着年轻导演极为鲜明的思考痕迹。临近 21 世纪，导演捕捉到北京的新变化，《上车走吧》同期声的自然状态展现北京嘈杂泛滥的景象，在交通噪声的基础上增加了低廉手持扩声器中传出声嘶力竭招揽客人的声音，不仅频率高、响度大，更增加了扩声器特有的均衡效果，刺耳的声音触及生理与心理接受的极限。由于这种小巴运营数量极多，因而运营者的喊声成为城市声音环境的一部分，这种声音常年循环于三环附近，也有时侵入三环以内。外来人聚集形成新一轮高潮，北京国营交通供求常年不能满足需求从而造成私营小巴车服务的出现。北京城市服务的现代性在当时远未达到现代化程度，管虎电影中的北京为粗糙、喧嚣、狂躁的首都。

（三）声音环境与大众文化兴起

20 世纪 90 年代北京进一步开放，市场经济活跃，电影环境声范畴内的有源音乐体现出时代与社会的发展。《民警故事》（1995）中派出所胡同口、胡同中早点小铺等都传出了流行音乐，这个细节充分说明北京老城区的商业处于繁荣发展之中，临大街、临小街、临胡同的门面房很多改做商业用途，杂货店、小吃摊说明北京人的日常生活较为丰富和便捷了。对影片主人公来说，这些现象的出现也意味着胡同情况日趋复杂，外来人开始出现，日常管理越来越难。因而他们顾不上家，处于什么都需要管的工作高强度状态。街边商业音乐凸显人文气息和经济发展状态，是 1978 年以后逐渐替代老北京传统市声的声音元素，胡同中部出现这种声音尤其展现出改革开放带给胡同的经济便利性以及全民经商的热潮，深宅大院门口附近也会出现小卖部或早点摊，不用再依靠"串巷"小贩提供精准服务。

电影短片《百花深处》（2004）在 21 世纪依然将镜头对准北京老城区正在被拆除的胡同和被拓宽成大街的胡同（平安大街）。在"如今就这老北京才在北京迷路"①的时代，搬家公司货车经过平安大街时，街边商店中传来了一句《东北人都是活雷锋》（2001）的歌声"俺们那嘎都是东北人（音银，拖长音、颤动的）"②，那乡土味十足的气息是创作者下意识捕捉到的北京老城区、社会、人、音乐之间的关系。这种简单、直白、风靡一时的网络歌曲能被下意识捕捉到，说明其存在具备广泛性，且在创作者身心体验中是生活经验的一部分，因而对它的接受直接与自然，甚至将其作为丰富听觉的元素使用。这段流行歌曲在大街上高声发布意味着"音乐的消费群体从大中城市扩展至三线城市的中低层人群、农村听众以及大城市中的务工人员，他们的欣赏口味主要倾向于旋律简单、

---

① 电影短片《百花深处》中对白。

② 电影《百花深处》片中歌词。

通俗易懂、易唱易学、一听就能跟着哼唱的'俗歌'"。① 这些城市建设、城市服务的参与者成为北京多元化消费层次中的一部分。大众文化从 90 年代开始在城市各个角落全面展现，这与 80 年代初少数小青年手拎立体声录音机走街串巷听流行歌曲（80 年代大部分人在家中听录音带，室外公开听音乐还未形成广泛性也不具备心理依据）其广泛性有差距。这些街边音乐的外露展现出人们思想观念与表达方式日益开放，勇于当众表达喜好。

更为重要的是，20 多年中北京城市文化的外在展现由这些街边音乐组成，无论是本地居住者还是外来旅游者对北京的城市印象均被这些音乐声音捆绑。人们对流行的认识，人们的欣赏品味趋同化，以至于 2014 年创作的电影歌曲《小苹果》因为怀旧的迪斯科曲风引发跳广场舞的中老年群体的青春记忆，迅速成为广场舞的主旋律响彻北京各休闲空间，通过音乐反复刺激城市居住者。个人喜爱与否不重要，经常性听觉刺激形成的习惯植入了人们的脑海，这种现象被俗称为"洗脑"。它甚至被改编为儿歌（各儿歌手机软件中均有动画版《小苹果》）影响除广场舞人群外的其他人群的下一代，以其鲜明动感的节奏吸引着学龄前儿童的目光，以"较窄的音域和富有煽动性和感召力的 ABC 无再现三段式结构"② 使低龄儿童好学易唱。此外，这种反复出现的声音音质低下，播放与收听人群的消费水平与听觉品位较低，因而低级扩声器使用广泛，经由低级扩声器的频率限制与噪声放大，街边音乐声升级为环境噪声，其穿透力使人避无可避。

西方流行音乐影响下的中国流行音乐创作借助经过本土改造的西方

① 尤静波著，李罡主编 . 中国流行音乐简史 [M]. 上海：上海音乐出版社，2015：393.

② 张先永 . 歌曲《小苹果》流行现象分析 [J]. 当代音乐 2015（12）：127.

播放技术设备，凸显出改革开放后北京文化建设过程中特殊的中外结合成果。内容与传播质量差距大，听众接受容忍度高，90 年代以来北京的文化形象、北京人的欣赏品味在这个层面仍处于城乡结合状态，直到近年来中产阶级相对固化后其"小资文化"才在听觉追求中显现。听觉追求与经济能力存在因果关系。

无论是 90 年代还是 21 世纪的第一个十年，中国电影都通过相对客观的方法记录了噪声持续、嘈杂泛滥的北京，这种方法在声音层面以纪实感传递出现代性批判的态度，其艺术成就在现实的展现中实现。

二、北京空间的声音塑形

（一）空间听感的现代向往

2010 年以来，很多资本控制的电影以办公室、商场、酒店、公寓等空间为拍摄空间与表现对象。即使场景是胡同平房也没有传统色彩，室内空间装饰现代、精致、干净、漂亮，如《亲家过年》（2012）胡同中的家、《非常幸运》（2013）的苏菲家、《一切都好》（2015）的男主人公家。这些影片在录音层面或不重视同期录音，或录制的室内空间声音很干、导致听感乏味、虚空、孤独、异化。这类电影投资很大，但录音部门的预算费用极少，不重视录音部门创作。虽然这源于资本控制者对电影声音缺乏认识，但也隐藏着另外的原因，即那些城市电影不需要通过自然的、地域感的声音空间叙事，它们就是要建构出一个与资本主义晚期的城市空间相似的空间感，凸显消费社会的性质。是同期录音工艺还是后期配音工艺不重要，创作目标是粉饰和修饰。然而这又是另一种层面的现实主义反映，因为 2008 年以后很多人追求这样的空间，他们的乡土体验不是传统的胡同、田野，而是地中海、法国南部、中国的某个富裕乡村，而不是城市的真实角落。这说明生活在北京的人群其生活品质得到极大提升，仅从住房相关数据即可窥见：北京城市住房政策经历了四个阶段的调整①，从 90 年代末开始由于住房质量大大提高，装修房子成为普遍现象。2002 年以后改革开放的攻坚在 2008 年奥运会后获得了实质成果。2014 年年底北京城镇居民人均住房面积为 31.54 平方米②，高收入家庭每年人均居住支出达到 22350 元，低收入户也达每年 5224 元③。北京人的整体生活品质又向西方发达国家标准迈进一步，随着住房质量的不断提升，室内装潢需求更大，人们都向往西方的先进模式和审美标准。北京形成了购物中心、写字楼、高档公寓为一体的社区生活模式，人们（以中产阶层为主）周末便聚集在购物中心内，娱乐休闲、亲子培养，它是便捷的，也是全球化的，没有地域特色的。即便到户外活动，最终还是要回到购物、娱乐、休闲综合体中，享受瞬间快感。同时，北京所谓"郊区"的概念在不断延展，现在则拓展至六环以外实施京津冀一体化模式。

然而，一些西方导演对很多中国国民所向往的"小资生活"却另有现代性展望。"布朗和伯恩斯都相信郊区需要换成'新城市主义'。它应当包括混合住房（覆盖多个阶层）、真正的私房餐馆而非连锁餐厅、便捷的公共交通，最重要的是由临近性和多样性所带来充满活力的街头生活。"④北

---

① 李君甫. 北京的住房政策变迁及经验教训 [J]. 改革与战略，2009（8）：36—38.

② 北京市统计局，国家统计局北京调查总队编. 北京统计年鉴 2015[M]. 北京：中国统计出版社，2015：9.

③ 北京市统计局，国家统计局北京调查总队：《2015 年人民生活数据》，http://www.bjstats.gov.cn/tjsj/ndsj/ndsjfpfb/2015n/index.html，2015.

④ 龚雪. 城市与电影——加拿大电影中的城市形象（第七章）翻译报告 [D]. 四川外国语大学，2016:38.

京的购物综合体和周边环境不是伯恩斯电影①中毫无生气的加拿大城市卡尔加里郊区，北京的人潮涌动、车流不息成为一种人气的表现，这与北京的首都性质和现代化进程的独特性密切相关。作为首都，其城市复杂性远比加拿大城市卡尔加里大。伯恩斯追求的郊区活力在北京已然呈现，这例证中国式现代性冲撞的独特性。然而，北京老城总是在规划中反复，伯恩斯追求的街头生活正在经历新一轮整合与规划。以东城区簋街为例，需要商业气氛即有，需要整洁即无，除了行政管理和服务能力有待提升，人群素质提升也是需要考虑的对象。在"新城市主义"的遐想中，北京依然进行着特有的反复，其庞大的体格、复杂的人群构成及首都形象的维护都挑战着规划能力。这种反复状态不能为消费主义的电影提供稳定的拍摄依据与环境，因而用声音建构干净、时尚、摩登的街区一角，电影对这种商业中心的声音建构泛滥着消费主义的精致与统一性以及国际化的趋同性，同时也隐藏着现实中的无奈。

（二）北京空间的音乐建构

2014 年，电影《北京爱情故事》直面现代都市中人的物欲极致以及精神的空虚与惶恐状态。在这部影片中出现了一个在同时期有代表性的普遍现象，即电影普遍用音乐对北京新城市景观进行修饰。影片开篇字幕场景中狂欢的男女们坐在轿车中打开车窗高喊雀跃，CBD 流光溢彩的夜景将人物以及轿车映衬得更加靓丽，这种资本主义式的狂欢面貌曾存在于美国公路片中，存在于法国浪漫爱情电影中。飞驰的车流、动感的音乐构建一幅经济繁荣、物质过剩、人们表达方式多样的国际化北京景象，这个开篇奠定了整部影片的基调以及人的生活背景。

---

①　加拿大导演伯恩斯拍摄的电影《光辉之城》（Radiant City）。

　　这种音乐建构方法及城市现代化的表达倾向在 20 世纪 30 年代的上海电影《都市风光》（1935）中始现，80 年代以后音乐皆建构北京胡同以外的区域——80 年代的建国门桥和建外地区的高楼建筑（《父与子》（1987））、90 年代的东二环外高级饭店（《赚他一千万》（1992）、2000年的东三环（《夏日暖洋洋》）到 2014 年《北京爱情故事》中的 CBD 夜景。这些电影创作者摒弃了现实的环境声，而在混录中用音乐代替了一切，后期混录中音乐的用量与比例鲜明地表现出创作者有意识的选择，这种技术性表象背后表达出创作者对北京的现代性批判。当然这种音乐必然与展现北京新城市景观的画面互相配合，有的声画蒙太奇组合显露出后现代的意味，北京开放的现代化成果通过电影音乐建构出来。相比而言，同样的建构方法在 50 年代运用则主要受到政治影响，如《青春之歌》（1959）。经过对比说明北京在不同发展阶段其电影声音表达深刻地受到政治、社会、文化等因素的影响。

　　在改革开放进程中，音乐对时代精神与人的精神的建构也出现阶段性变化，20 世纪八九十年代和 2000 年以后的声画蒙太奇组合在技术层面基本没有变化，但其传递出的整体艺术表达与时代中人的精神面貌迥然不同。

　　《超速》（1987）中刻画的出租车司机群体是富有朝气、热情、友好的，衬衫西裤打扮高端入时。该片用一组镜头表现司机从公司出车的镜头，与之相伴的主题歌歌词和节奏感强的曲调都展现着出租司机自信、自豪的心情："我驾着车在茫茫人海穿行，拥挤的街头，像往事历历在蓦然回首，我驾着车把万座高楼闪过，往事的忧愁，昨天的泪水，埋在心头。用汗水洗去昨天，把来时归于今天，在拥挤的路口，在繁忙的路口，总会有我自己的路。"① 音乐响起后的画面有：俯拍建国门立交桥全景、天安门夜景、建国饭店门口，都是 20 世纪 80 年代北京的地标建筑。80 年代家在老城区的出租司机其日常活动范围突破二环路延展至三环路，"茫茫人海""拥挤""万座高楼"等形容词准确地描绘出北京城的普遍状态，北京的初步改革成果展现在眼前。更为重要的是，这段声画蒙太奇代表了 80 年代中国电影的理想主义特征，与《盛夏和她的未婚夫》（1985）中艺术歌曲所表达出的对美好的向往异曲同工。80 年代北京人总体面貌积极向上，洋溢着自信与向往的神情，电影创作者作为其中一员歌颂着新时代、向往着更加美好的未来，这些人文状态通过电影音乐表达得淋漓尽致。而世纪之交的北京，尤其是夜晚的北京，以迷乱的姿态出现在影片《夏日暖洋洋》（2000）中，它却令主人公德子这样的出租司机迷茫甚至堕落。德子车友操着郊区口音激动地将十几年之内的出租车行业兴衰进行对比总结。该片开场的声画组合为：画面从黑屏过渡到堵车的路口，汽车与自行车大军交叠在一起，整条街都被堵住了。与几个画面相伴的是整条街的噪声，其中大卡车声音的加入使得场景听觉更为嘈杂。片头音乐非常躁动，节奏非常快，鼓点很重。该片通过视听表现了一个五光十色、物欲横流、到处是工地的混乱的北京，北京的夜景在歌手魔幻的语音与迷离的曲风陪衬下显得忧伤："月亮、犹豫的你，暗自神伤，只想再回到梦中央，昏暗的光、折的翅膀，窗外的夜曲正霓裳，忧郁的你……"② 这种北京建构表达了导演宁瀛对北京现实的批判，宁瀛生长在 60—80 年代的北京，她出国留学归来后看到 90 年代现代化进程带来的传统消逝现状，用纪实性的电影语言展现这个令人迷失的过程，《找乐》

---

① 电影《超速》中的歌词。

② 电影《夏日暖洋洋》中的歌词。

（1992）和《民警故事》（1994）在声音方面均处于思考状态，到《夏日暖洋洋》（2000）时其批判的意愿通过声画蒙太奇段落展露无遗。

音乐对北京的建构能力与意义可通过一个反例进一步印证。管虎导演的《浪漫街头》（1996）通过北京"申奥"倒计时的一天表现一位北京出租司机发子与外来打工者英子之间的情感交集过程。90 年代末的北京让人感到这座城市很大，大到使人们对人际关系产生不安与未知之感，发子最终在夜晚北海的金鳌玉栋桥上问英子："你说咱俩以后还能见着吗？"① 偌大的北京，膨胀的都市，茫茫人海……那个靠寻呼机联络的时代，人们的经验范围早已超出胡同的空间与传统的联系方式——约好时间在某处不见不散。《长大成人》（1997）中采用直接上门寻找的方式，但这对发子来说是不可控的，更是迷茫的。《浪漫街头》（1996）主人公发子住在胡同杂院中，家有父母和妹妹，父亲是解放军，随军进北京后落户此地住房拥挤。发子从小在胡同长大，老北京腔不太浓，但有儿化音，具备胡同北京人的气质：礼貌、热心、厚道、勤俭、孝顺、讲义气、有大局观念等。他经常光顾鼓楼下的饮食街，带朋友到景山五龙亭上俯瞰故宫、吃盒饭，他常开着车载广播收听新闻节目、关心国家大事（实际上影片中所有广播内容都是有关 1991 年北京申办 2000 年奥运会的报道）、为了"发小儿"而卖车。影片开场的声画组合是这样的——北京人民广播电台主持人的对白以及背景铺陈的"申奥歌曲"："听众朋友，今天是在摩纳哥的蒙特卡洛投票选举申办 2000 年奥运会的最后一天了，举国关注的北京、悉尼、柏林等城市的申办最后结果，将在凌晨两点公布，我国奥委会主席何振梁有保留地坦言，成功的希望很大，但也不能盲目乐观，让我们拭目以待，共同祝愿好

---

① 电影《夏日暖洋洋》中的歌词。

运北京。"① 这段广播声音配合一组快速分切画面：天安门广场、环路及高楼、东三环京广中心，汽车走过环路，走过北海金鳌玉栋桥，北京站建筑、东三环长城饭店远景、环路两边的楼群（环路里是一排排矮楼，外面是高楼）、火红的太阳、西单商业街上涌动的人流、环路桥上桥下的景象、路边绿地（有树有草）中人们在树上挂着的鸟笼、跳交际舞的男女、街上密集的自行车流、胡同两边密密匝匝的小店和摊贩、马路边广场上跳秧歌的大妈们、卖油饼的摊位、骑自行车的外国人、打太极的人们、什刹海牌坊、车夫骑旅游人力三轮车快速横穿马路、地铁站内景、练长棍武术的老头、手牵手过马路的情侣、戴小黄帽走在街上的小学生、地铁换乘通道里的人潮、街上吃煎饼的男人、黄色"面的"出租车、抱着大提琴骑自行车的男人、骑自行车的女主人公英子、开车的男主人公发子、两人在一个路口等红灯全景、二环路俯拍……这一组声画蒙太奇从声音方面强调申奥与北京发展的关系，但这种蒙太奇组合不能向观众表达出结果的含义，它对北京的街景仅为展现，广播中的话语说明了时间、地点、事件以及人们的期盼状态，但是画面与广播声音均停留在展现与思考的层面，未能像主观音乐一般鲜明地表达态度。因而该片只表达了迷茫的情绪，但缺乏现代性深入思考，作者立意明确但立场不明确。这种创作现象深层次地体现北京的现代化转型还未达到国际标准，90 年代的转型现实令人迷茫，人们失却了理想，感情也如无根之萍，创作者无从判断未来。北京的申奥口号从"开放的中国盼奥运"变为 2000 年的"新北京、新奥运"，北京朝向奥运标准的现代化建设则在 2000 年后开展，其结果在 2010 年后《杜拉拉升职记》（2010）和《北京爱情故事》（2014）等影片的音乐建构中展现——一个国际化的新北京。

---

① 电影《浪漫街头》的对白。

第二节 媒介选择：声源背后的生活

在北京人的娱乐民俗中，对"享受"的追求是视觉和听觉两方面组成的，听觉带来的美感对人们享受生活极为重要。为了追求听觉享受，人们训练鸟儿鸣叫、听"虫鸣"、制作"鸽哨"。然而在现代社会，随着常驻空间远离自然、休闲时间萎缩、人生压力倍增，人们无暇顾及千篇一律的空间中充斥的听觉元素，况且"现代性噪声"如汽车喇叭声、飞机轰鸣等并无使人身心愉悦的功能。19 世纪末以来科学技术发展催生大众传播媒介，现代人习惯了大众传播媒介的辅助与引导，因而提到在城市中"听"，一般理解是需要媒介传递的。广播、音乐媒介、电视、电影等占据了人们的生活，成为普通人娱乐的主要形式。古代平民阶层在茶馆喝茶、听戏等休闲活动反而在改革开放时期并不常见，而是以中产阶层以上人群为消费对象去剧院看话剧、听戏，去音乐厅听音乐会等。传媒的大众性是形成这种现象的一个原因。然而这种现象又与改革开放时期民众物质生活水平提高有直接因果关系。1960 年至 1970 年末，嫁妆的最高标准是"三转一响"，即自行车、手表、缝纫机和收音机；改革开放后，结婚大件物品由 20 世纪 80 年代的冰箱、彩电、洗衣机、录音机过渡到 90 年代的空调、音响、录像机。北京普通人家的电器更新换代变得频繁。收音机、录音机、电视和组合音响，这些听觉媒介的变化体现改革开放后人们听觉娱乐形式的变化，也反映娱乐内容从传统到流行的过渡，听觉与生活的关系较之过往产生极大转变，媒介的声音成为现代社会听觉环境的重要部分。

一、听觉媒介阶段性变化与时代生活变迁紧密关联

20 世纪 80 年代，随着政策放开、票据时代结束、工业制造恢复，收音机这种 1978 年前的群体听觉媒介成为个体听觉媒介，在市民中普及率极大提高。北京人听戏主要听京剧和大鼓，其"日常化"借由收音机的普及而凸显出来。街头巷尾、公园、家中，电影中的京剧唱腔渗入人物生存的空间，例如《本命年》（1989）、《我想有个家》（1992）中主人公在家中听到邻居家传来的京剧声；《民警故事》（1995）胡同中的居委会屋内传出的京剧声；经常可见手拿便携收音机的摇头晃脑、哼哼唧唧的老大爷形象，成为北京味道的一个重要组成部分；《找乐》（1992）中的戏迷老韩头儿，退休后就手持收音机在胡同里溜达消磨时间。

然而，收音机虽是与老北京人物与老北京味道捆绑在一起的道具，却不是 20 世纪八九十年代电影表现的主流媒介。录音机、磁带与英文歌曲和港台流行歌曲捆绑在一起所彰显的新时代脉动是电影热衷表现的。80 年代的"大砖头"手提式立体声录音机和 90 年代便携式录音机"随身听"及它们的声音是电影表现时代的主要元素。《新街口》（2006）中特意安排有经济头脑的"板儿带"拎着"大砖头"在胡同里溜达以彰显年代性；《洗澡》（1999）片尾，每天在澡堂练唱歌的苗壮送给二明一个便携式录音机"随身听"，二明戴上耳机听意大利歌曲《我的太阳》，他

坐着搬家车远离被拆迁的胡同，歌声被主观放大，飘荡在废墟之上引发历史荣耀与现实的思考。

　　与电视机相比，录音机的风靡一时不具持久性。电视作为家庭中的视听传播媒介长时间占据人们休闲生活，20 世纪 80 年代它属珍稀物品，《候补队员》（1983）、《父与子》（1986）、《人间恩怨》（1987）中，一个杂院里有一户拥有电视机则每天都会召集邻居一起看电视。《红尘》（1994）这一反映 20 世纪 60 年代变革的年代戏利用集体观看电视的现象设置了导致男女主人公分手的诱因：拉洋车的德子在 60 年代娶了旧社会的"妓女"做妻子，一度恩爱知足，"四清"运动开始后人们得知德子媳妇曾经的身份后忘记了她的好，常年闲言碎语。即便这样，德子二人并没有分开，只是积聚埋怨。改革开放后引入的日本电影《望乡》（1974）引发观影热潮，当"妓女"这一形象通过电视传遍千家万户展示在德子和邻居面前时，终于导致德子暴发多年积怨，他指责媳妇、怨恨自己，电视声音无孔不入地渗入他的生活空间，他无处可躲，他无法在亲近的人际关系中找到自尊。于是他冲出屋子向聚在院子里看电视的邻居高喊："我把这电视机都砸喽！"①可见电视媒介的渗透性和直观性等特点对人影响之深。20 世纪 80 年代末北京城内电视普及率提高，除《我的九月》（1990）中建军家这样的困难户，每户一台电视已是杂院中的基本配置。建军的朋友小胖用不屑的语气展示电视普及带来的娱乐选择变革：当建军妹妹要求哥哥带她去外面玩时，建军提议去湖边上的小公园，而杂院中普通家庭的小胖则说"去那小公园还不如在家看电视呢！"②20 世纪 90 年代电视超越电影成为人们的主流视听媒介，电视节目深深影响着人

---

　　①　电影《红尘》中的对白。

　　②　电影《我的九月》中的对白。

们的生活，如《高朋满座》（1991）中《社会广角》节目反映马年结婚热
潮与影片情节和人物设置形成紧密关联；《洗澡》（1999）中看《动物世界》
节目是二明每天固定的生活内容之一；《剃头匠》（2006）敬大爷劝老米：
"别净在家里看电视，都看傻了。"① 最终老米在电视节目的陪伴下无声无
息地死去。人们漫无目的地看电视的生活状态制造了很多家庭矛盾和人
际交往障碍，如《井盖儿》（2002）中警察所长回到家就木讷地看电视，
与经商的妻子没有交流；《夏日暖洋洋》（2001）中出租司机回家就看电
视、睡觉，与妻子没有共同语言，导致常年吵架。很多人养成边吃饭边
看电视的习惯，如《玩酷青春》（2010）中一家人边看电视边吃饭以及《吾
家有女》（1994）中女儿一边看电视一边吃饭等。电视在人们生活中越来
越深入并使人对其依赖，2018年《大雪冬至》中，看电视是独居老人魏
大雪每日的消遣形式。2007年《胡同里的阳光》中，液晶电视成为废品
回收者的青睐之物，可见电视不仅普及并且更新换代极快，电视媒介更
新换代速度展现出北京人物质追求的速度。20世纪90年代开始，电脑、
网络、手机相继在生活中普及，但至目前为止，尚未彻底取代"传统的"
电视。其实1986年的电影《小铃铛》中就出现过学校中的计算机教室，
电影镜头特意展现20世纪80年代北京最超前的硬件教育环境，计算机
键盘的敲击声代表着北京的现代性在80年代的电影上空回荡。

　　收音机、电视、网络的普及展现出40年来经济建设过程中个人财富
快速聚集、消费社会逐渐形成、平民阶层生活水平提高的现实，社会物质
在媒介选择层面具有平等性。《红尘》展现的80年代群体看电视的情况到
1990年《我的九月》时不复存在，群体交往的这一模式在电视媒介层面
中断，每家都拥有私人的媒介空间，因而德子的困扰再也不会成为情节要

---

① 电影《剃头匠》中的对白。

点、矛盾冲突呈现在 90 年代以后的电影中了。清末以来中国人对西方媒介技术的接受程度不断提升，《西洋镜》（2000）一片充分展现媒介是西方现代化的重要代表，改革开放后物质水平的提升刺激人们蕴藏已久的消费神经，媒介消费比例在人们的生活支出中占比越来越高，媒介成为现代化生活追逐的重要标志。创作者捕捉到这一时代特征并在电影中展现，有影片将其作为生活化的声音标志使用，如《六月男孩》（2001）；有影片将其作为年代感的标签使用，如《新街口》（2006）；有影片将其作为叙事要素进行构思，如《红尘》（1994），媒介听觉成为电影声音设计中的重要元素。

二、媒介听觉选择与人物塑造的现代性冲撞

很多电影将媒介的听觉存在作为叙事要素进行构思，在这种设计思路中，呈现出一种现象，即不同人群对听觉内容的需求产生极大差异。改革开放后"代际文化"交汇复杂多样，其本质是电影创作者将人物塑造与媒介、内容选择捆绑在一起，什么人物用什么媒介载体，什么人物听什么内容，这是电影创作者日常生活体验的电影化思考，也反映出西方文化分层意识在中国的普及，同时在中国艺术界与批评界深入人心，"在 20 世纪 50 年代和 60 年代，批评家们力图界定不同类型的文化产品及其特定的目标受众群，其中包括：高雅文化、大众文化、流行文化、民间文化、中产阶级文化，这种分类明确勾勒了人们面对当代媒介产品时所持的不同态度。批评家还认为受众因为其不同的文化背景和才智，面对同一信息的反应也是各异的。"[①]

---

① 劳伦斯·格罗斯伯格等著，祁林译. 媒介建构：流行文化中的大众媒介 [M]. 南京：南京大学出版社，2014：51.

改革开放后，中国人看到了外面的世界，掀起了一股学英语浪潮和出国热潮，《盛夏和她的未婚夫》（1985）、《混在北京》（1995）两部电影中，副食商店大肉组工人秦园、盛夏还有出版社的知识分子小季都在用收音机和录音机等媒介听英语。尤其是"文革"期间没学文化的盛夏，她向往学习，希望改变自己文化底子薄的现状，通过学英语这一行为热情乐观地展现出来，体现出 20 世纪 80 年代中国电影浪漫主义、理想主义的基调；更多的人选择追时髦听外国歌曲，《珍珍的发屋》（1986）中女老板珍珍在理发店中听英文歌，《黄连·厚朴》（1997）中于莲舫的女儿用录音机听外国饶舌流行歌曲以及大陆及港澳台的流行歌曲，《父与子》（1986）中顺子从南方做生意归来后用录音机听流行歌曲《阿里巴巴》以展现风光还乡的快乐感，《夏日暖洋洋》（2000）中女孩在出租车里的广播中听到歌曲《流星》时兴奋尖叫，站在路灯下跳起舞来。有趣的是，《北京故事》（1986）和《超速》（1987）两部电影设计高干子弟丽丽和专职司机盛柏年都听外国歌曲《叫醒我再走》（*Wake Me Up Before You Go*），这说明吉特巴舞这种美国 20 世纪 30 年代流行的快节奏交谊舞在当年的中国风靡一时，符合中国人 80 年代拥抱新生活的热烈心情和兴奋情绪。当时年轻人甚至将外国迪斯科舞曲（Disco）作为举办婚礼的背景音乐。《盛夏和她的未婚夫》（1985）中工友"小皮球"与技术员魏学进结婚就在家中设宴放迪斯科舞曲，来往宾客欢聚一堂，打破了传统婚礼的气息。人们在音乐的现代性方面走得很远，西方流行文化接受度高。同时，人们将西方古典音乐奉为"阳春白雪"情调，盛夏的技术员未婚夫向盛夏展示他预备好的新房时用录音机放《舒伯特小夜曲》烘托甜蜜的情调，希望打动盛夏下决心结婚，其求婚方式也深受西方影响，西方审美情趣已在年轻人中形成共鸣并广泛实践。

　　年轻人学习英语、欣赏流行歌曲，老年人则较为习惯听京剧、京韵大鼓、单弦牌子曲等，如《找乐》（1992）中老韩头儿退休后出门遛弯随身携带收音机听京剧。改革开放后北京题材电影中表现北京人内心平和的影片越来越少，而讨论"孤独"主题的作品越来越多，这深刻地反映出社会发展带来了精神虚空的现象。《找乐》（1992）就是具有转折意义的作品，它在变革速度极快的 20 世纪 90 年代初捕捉到了更深层的社会现象——京剧这一传统主流娱乐民俗在现实中逐渐走向衰败，但秉持着传统京剧欣赏品味和专业精神的老韩头儿却执着于唱腔的纯正性，悄然未觉票友的目的性已然多样，人们在迷乱的生活中逐渐降低自己的标准。例如胡同大老粗董富贵与老韩头儿争执唱腔对否时透露出他到活动站唱戏的目的和态度："今儿我情绪不好，刚跟媳妇吵完架，少跟我这儿起腻，我想怎么唱怎么唱！"[1] 认真、负责、热爱集体、无私奉献的老韩头儿还秉持着 20 世纪五六十年代新中国的工作风气，这使他成为 90 年代电影关注和表现的对象，说明这种风气在 20 多年来的社会现实中的稀缺性。退休前他是剧院团长口中的"事儿妈"[2]，作为剧院的老员工他操心一切环节，京剧团七零八落的现状以及对工作负责的态度使他一直处于忙碌的生活节奏中。退休猝不及防地来临使他怅然若失，深感自己被全心付出的剧团抛弃了。回单位看不惯徒弟的工作状态，回家在夫人早亡多年未回的清冷屋子中度日，唯有用收音机听戏，伴着座钟嘀嗒声喝酒度日。于是孤独的他寻找发挥余热的途径，到街道办事处为天坛长廊下的京剧爱好者开辟一个固定活动站，希望可以继续唱戏与为大家服务。可是这种闲散的"集体"并不需要领导，老韩头儿的个性和较真态度使他重蹈

---

① 电影《找乐》中的对白。

② 电影《找乐》中的对白。

剧院工作时的覆辙。这次，他选择自己退出，坚信自己在人群中的价值，仍抱有大家"念旧情"的希望。然而，现实是无情的，人们"事不关己高高挂起"。影片最后，老韩头儿蹲在天坛长廊拐角听大家唱戏，票友韩万友唱错了，孤独的他忍不住又向人群走去。影片开放式结局透露出创作者思考未果的现状，社会何去何从的迷茫充斥在每个人的生活中。直到 1999 年电影《洗澡》中，公共澡堂在镜头中被大面积拆除时，澡堂里老头们听京剧的声音、玩象棋的声音、拔罐声、修脚声、茶壶泡茶声、斗蛐蛐声都失去存在空间时，才使人们真正意识到旧时代遗存在老城区的集体消亡。

在众多影片中，有几部影片通过一些场景和情节设计集中体现出听觉内容背后的"代际文化"冲撞。《北京你早》（1990）中女主人公艾红是公交售票员，在家中独自照顾瘫痪在床的爷爷，家境贫寒，爷爷在床上听收音机度日。其中有一场戏是艾红回到家里生煤炉煮粥伺候爷爷，却与爷爷无话可说。这时收音机里传出《天鹅湖》音乐，与她家的境况造成强烈对比，这段音乐的设置也暗喻艾红具有不安于现状，追求更好生活的希望，这种心理是她一心追求克克的基础，广播中营造的美好感受通过音乐传递到黑暗的陋屋中，对艾红心理具有长期暗示的作用；《找乐》（1992）中老韩头儿一边洗脚一边用收音机听京剧，广播中预告："22点 10 分，《地方戏曲片段》，22 点 30 分，《歌迷世界》，下面请欣赏一首美国歌手 Michal 演唱的歌曲《朋友》。"[①] 流行歌曲音乐响起后，韩头关掉收音机，表明自己的不欣赏态度，韩头通过拒绝的形式表达在两种文化体系冲撞中的选择。《网络时代的爱情》（1998）中表现 1993 年毛毛辞掉公职后在家写剧本、听英语，同院邻居关大爷每天遛鸟哼唱单弦，毛毛

---

① 电影《找乐》中的对白。

感觉关大爷的哼唱带给她烦扰。在历经离婚、出国后，远在异国他乡的她却找寻单弦音乐以回味人生，这一案例寓意更深：毛毛在经历90年代群体性迷茫后出国逃避现实，但她身处异国希望产生心灵上的满足与平静时所寻求的是传统中国艺术的滋养而不是媒介信息带来的西方文化产物。《六月男孩》（2001）中学生苏眉家住杂院，买菜回家走过曲折的院子时，听到有的人家在听京剧，有的人家在听流行歌手李玟演唱的《想你的三百六十五天》（1998）。这一案例说明2000年以后胡同中老年人与年轻人的并存局面依然存在，京剧与李玟的流行歌曲两种差异性很大的听觉内容在同一时段出现，表明在下班时间使用听觉媒介的群体为老人与年轻人。而处于学龄年纪的苏眉却由于家庭困难不得不承担中年人的工作，在同龄人听流行歌曲时她正在买菜，影片的媒介设计充分考虑到人物刻画、时间因素与时代因素，媒介的自身现代性与展现内容的现代性遍及千家万户，但2000年年初的北京，仍然有很多人像苏眉一家一样，为了达到小康生活的现代性构想而日夜赶工，希望苏眉在学校中能与其他同学拥有平等的学习条件。

三、听觉媒介的内容建构与生活反差

如果说八九十年代的中国电影在设计媒介听觉时将其作为展现经济快速发展中代际文化需求的载体，那么2000年后在表现北京老城区的电影中出现了一种倾向，即更多表现老城区孤独的留守者、独居的老年人、胡同的留守者成为被思考的对象，他们成为电影人眼中与胡同一样古老的、被关怀的符号。这其中，《我们俩》（2005）和《剃头匠》（2006）不约而同表现年老的主人公适应社会新情况，努力与时代保持一致的特点。

而《年根儿》（2010）、《大雪冬至》（2018）中，年老的母亲则将自己禁锢在自己的小世界里不踏出一步了，在2008年以后，他（她）们即便再努力终也不能跟上时代步伐。2016年《老炮儿》中留守胡同的中年底层人物六哥对社会主义传统的坚持——用收音机听评书、弹吉他，似乎比上述影片中的高龄老人还要激烈。在这类影片中表现出一个有意思的现象，即在这些老人的生活中，"听"电视已经是日常生活中的一部分。《剃头匠》中有一场戏对此表现充分：敬大爷与三位高龄老人坐在屋里打麻将，电视中正在上演时装走秀，肉感的女人踩着动感的音乐在画面中穿梭，然而老人们对此视而不见并讨论着"爆肚刘"的去世和胡同拆迁的话题，这场戏客观地表现了电视声音与老人生活现实的关系——存在但无意识，对他们来说电视属于环境声的一部分，老人们通过电视的声音（无论是什么节目）抵御屋内极静环境、抵御孤独感。但在老人们的交谈中导演不断通过剪辑切换电视上的走秀画面，这充分说明导演的现代性意识，在传统与时代表象中影片对现代性的思考升华出来。同样将电视声音作为环境声的一部分进行设计的影片段落还有《大雪冬至》（2018），影片中老太太坐在沙发上睡着了，电视里在播放电视剧《甄嬛传》，这说明电视在近40年的深入发展以后，超越了收音机的媒介影响力，"影响着人们关于时间和历史的体验"[①]，彻底改变了高龄老人打发时间的方式。然而媒介建构的是一个流行文化与大众文化的世界，劳伦斯·格罗斯伯格认为"流行文化的受众是复杂的，他们并非一个共享经验的共同体，而只是所谓'人民'的一部分"[②]，大众文化则更进一步"将自己的

---

① 劳伦斯·格罗斯伯格等著，祁林译.媒介建构：流行文化中的大众媒介[M].南京：南京大学出版社，2014：27.

② 劳伦斯·格罗斯伯格等著，祁林译.媒介建构：流行文化中的大众媒介[M].南京：南京大学出版社，2014：52.

文化产品交予受众，并不在意他们是否喜欢。大众文化具有操控性，它总是按照文化生产者的利益强迫受众接受他们的观点。"① 它可能适合六哥这样的中年人——六哥坐在家里喝啤酒、看球赛，大众文化影响了六哥这类中年人的喜好，但这些媒介的内容建构不会控制他们的生活，因为媒介中的世界与他们的现实世界距离遥远。以《剃头匠》中敬大爷这一代老年人在收音机为主流媒介的时期，他们可以像《找乐》（1992）中的老韩头儿一样对广播中的节目有自主性的播放选择，但在 2000 年后的生活中，世界潮流彻底抛弃了他们。现代化的物质生活、房屋供给的基本普及使得子女离开胡同中的老年人，因而老年人的寂寞感尤甚，电视彻底渗入老人们的生活中，成为必备品，它们的声音因而成为日常家庭环境声的一部分。在这样的现代性思考中，《剃头匠》（2006）的导演设计了片中人物老米的死亡：老米最终在家中去世，无人知晓，敬大爷发现这一情况时，老米的电视还传来新闻主持人激动的声音——"此时此刻，在北京 2008 年奥运会倒计时牌旁边，我们正在期待这一时刻的到来，期待 2008 年奥运会倒计时 1000 天的到来和奥运会吉祥物的问世。倒计时牌这个巨大时钟的节奏，似乎正向我们说明，一个精彩快乐而又伟大的盛会正在快步走来。2008 年北京奥运会必将载入中华民族的史册，同时它也将满载着中华民族的挚爱和追随！"② 电视媒介对北京新的现代化阶段的遐想已无力拯救在现代化过程中孤独留守胡同的老人，一新一旧、一生一死的反衬增加了影片对现代性思考与展现的深度，老米成为敬大爷 400 多位已去世的老主顾之一。

---

① 劳伦斯·格罗斯伯格等著，祁林译. 媒介建构：流行文化中的大众媒介 [M]. 南京：南京大学出版社，2014：53.

② 电影《剃头匠》中的对白。

　　不同人群在听觉媒介和内容的选择方面不自觉暴露着自己的年龄、经历及身份属性，媒介与生活在现代性语境中密不可分。电影通过展现不同时期人们生活中的媒介存在，传递时代剧烈的变革气象。青年人快速消化着西方百年来的文化成果也接受来自港澳台地区的同步流行文化，老年人则固守传统文化，甚至达到摆脱媒介控制的境界。现代性冲撞出的"代际文化"从未在中国历史上呈现出如此复杂的表象，创作者敏锐地对其进行了现代性思考。

第三节　权力争夺：群体声音的交锋

一、群体声音背后的政治、经济、社会因素

2005 年，杨亚洲拍摄了《泥鳅也是鱼》，这部电影在 1978 年以后出品的北京题材影片中可谓独树一帜，该片以令人触目惊心的群体声音气势展现 2000 年至 2008 年北京老城区外来务工人员的生存状态。北京题材电影表现老城区人群以 20 世纪 80 年代的本地改革者、2000 年以后的本地留守者以及一直居于表现核心的城市平民（本地人与外来人皆有）为主。外来打工者的身影在老城区出现时为个体状态，如 1992 年《我想有个家》中九子独自来到北京当服务员；2003 年《夺子》中宁志英与丈夫二人在北京卖豆腐，而打工者的群体面貌基本出现在二环以外的区域；《上车走吧》（2000）城中村中各地的打工人员；《夏日暖洋洋》（2000）中酒吧、饭馆的服务员；《太想爱你》（2003）中的建筑工人；《世界》（2004）的表演群体；《今天明天》（2013）中的蚁族群体等。这种电影现象的出现源于北京市流动人口的分布现实，2009 年谢蕾蕾、宋志刚分析了北京城市发展功能区的流动人口分布结构，将北京市 18 个区县按城市功能分为首都功能核心区（东城区、西城区、崇文区、宣武区）、城市功

能拓展区（朝阳区、丰台区、石景山区、海淀区）、城市发展新区（通州区、顺义区、房山区、昌平区、大兴区）和生态涵养发展区（门头沟区、平谷区、怀柔区、密云区和延庆区）四个功能区，其中首都功能核心区即为本书的空间分析对象。该文显示 2005 年至 2007 年"从流动人口总量上看，城市功能拓展区和城市发展新区流动人口有较显著的增长，而首都功能核心区和生态涵养发展区的流动人口变化较为平稳。城市功能拓展区是北京市流动人口的主要聚集地，该区年均流动人口占北京市流动人口总量的 58.08%。城市发展新区是四个功能区内流动人口增长最快的功能区，年均增速达到 13.98%"①。马小红指出"20 世纪 90 年代以来，北京市人口分布呈现趋向近郊区（朝阳、丰台、石景山和海淀区）的态势。2000 年与 1990 年比较，近郊区人口大幅度增加，10 年多增加 240 万，年平均增长率达 4.7%……流动人口中的 61.64% 集中在 4 个近郊区，流动人口比例高于该地区常驻人口（47.1%）的比例。在局部地区的街道、乡镇中流动人口数量超过当地户籍人口总量甚至数倍之多"②。并且"近年来，在流动人口总量逐年上升的同时，显示了由城区和近郊区向远郊区扩散的趋势"③。该文将朝阳、丰台、石景山和海淀区四区归为近郊区，这种归类本身即说明在 2005 年学术界仍将北京用老城区和郊区两种称谓分割区域，充分说明北京的政治、经济、文化、生活重心仍集中在老城区，生活重心向其他区域的扩散并未形成大规模趋势。

　　杨亚洲导演的影视剧创作一贯具有平民视角、底层关怀的现实主义情怀。他与黄建新合作拍摄《背靠背 脸对脸》（1994）后，在 20 世纪 90

---

① 谢蕾蕾，宋志刚.北京市流动人口总量和分布结构特征研究 [J].数据，2009（10）：58—59.

② 马小红.新城市规划下的北京市迁移流动人口 [J].中国人口科学，2005.（12）:17—18.

③ 马小红.新城市规划下的北京市迁移流动人口 [J].中国人口科学，2005（12）:18.

年代一直创作城市题材的喜剧电影。2003年他将目光转向西部农民群体，这与他就职西安电影制片厂的经历有关，先拍摄了《美丽的大脚》（2003）突出表现甘肃农村缺水、缺师资等现状与北京资源优势之间的强烈反差，建构了一个可恣意享受丰富水资源的首都北京。随后于2005年拍摄了《泥鳅也是鱼》，展现21世纪进城打工的农民打工者的生存状态。最终以《雪花那个飘》（2006）收尾西部题材。这三部人文关怀电影皆获得各电影节大奖，其中《泥鳅也是鱼》获得了第18届东京国际电影节最佳艺术贡献奖，凸显出其电影语言叙事的杰出能力。片头对农民打工者的群体性展现方式令人惊叹，既源于现实又高于现实，通过视听语言表达对群体的感受、认识与思考。该片声音对人群、时代、文化的艺术表达较少受到关注。《泥鳅也是鱼》片头黑底白字的字幕出现在末尾时，涌现出群体性脚步的声音，这种富有原始感的动效声带来的震撼在1978年以来的北京题材电影中从未出现过，在之后的电影中也再未展现。对深处现代社会的城市人来说，这种声音的动力感和力量感在和平时期甚至可以用"可怕"来形容，这部电影以脚步声作为塑造人物形象的唯一声音元素大幅度出现的案例可谓前无古人后无来者。杨亚洲导演用生动的声音意识和语言展现出这群打工者对北京形成的现代性冲击。他们给北京带来了从乡土而来的原始动力和农民的实用主义和传统乡土思想，更为2000年后物质化、人际匮乏的北京带来传统的、人的气息，北京在此基础上一步步迈向了国际化都市。电影用6个长镜头从俯拍、仰拍、平拍、侧拍等视角拍摄黑暗中跑步前行的、背着包袱带着孩子的农民工群体形象，他们"无声"地奔跑着，没有语言暗含他们在城市中闷头做事、没有权利的现实，但整齐、沉闷的快速脚步动效则体现出他们的力量感和群体感，这种声音群像与正阳门城楼、太庙大殿并列出现在同一场景中，给首都北京（杨亚洲的电影中并未刻意在声音方面凸显北京的地域元素，而将正阳门城楼、太庙等传统地标建筑作为主场景拍摄，因而视听两方面综合考量，其将北京老城地标作为首都的符号进行叙事铺陈）带来了新时代气息。这个新时代自 1986 年中央"一号文件"规定"允许农民自理口粮进城务工经商"开始。俞可平在分析文章中称："根据一些农民工问题研究专家的分析，从 1979 年开始至今，农村劳动力向城镇的流动，先后经历了三个阶段。第一个阶段是 1979 年至 1983 年；第二个阶段是 1984 年至 1991 年，这一时期出现了改革开放后新移民的第一个高潮；第三个阶段是 1992 年至今。自从邓小平 1992 年《南方谈话》发表后，中国再度掀起了市场经济和工业化的热潮，并且在全球化冲击下，中国对外开放的程度大大提高，城镇对劳动力的需求急速增大，伴随而来的是新一轮移民浪潮。"[①] 在北京题材的中国电影中，对该群体的关注是从第二个阶段开始的，《我想有个家》（1992）就是其中的代表。但该片仅为个例，在 1978 年至 1991 年间，以外来打工者为主要表现对象的影片不多，这两个阶段电影中展现的北京现代化进程参与者多为北京本地人，如《锅碗瓢盆交响曲》（1983）、《父与子》（1986）系列等，这种创作现象说明第一、第二阶段中国的打工人潮集中涌向沿海城市，北京的群体现象不如沿海城市那般特殊，北京作为首都其总体开放进程缓于沿海开放城市。1992 年以后北京题材倾向于展现外来知识分子群体、中产及更高阶层或外国人，如《混在北京》（1995）中的报社工作人员、《浪漫街头》（1996）中从事文艺工作的女主人公、《有话好好说》（1996）中的成功商人刘德龙、《夏日暖洋洋》（2000）中的出租车司机群体、《兔儿爷》（1999）中

---

① 俞可平.新移民运动、公民身份与制度变迁：对改革开放以来大规模农民工进城的一种政治学解释 [J].新华文摘，2010（10）：6—7.

的外国小孩、《大腕儿》（2001）中的国际友人，直至 2005 年才出现《泥鳅也是鱼》，这种创作现象展现出一个事实："北京市的流动人口在过去 20 多年里，总体上经历了一个较快速的增长过程，但是从 20 世纪 90 年代中期到 90 年代末之间，却经历过一次较显著的下降，主要与当时的就业状况以及相关政策有关。从 20 世纪初开始，流动人口又开始了一次非常迅速的增长。"[①]2007 年童玉芬认为这与奥运经济带动有关，2001 年萨马兰奇宣布北京成为 2008 年奥运会主办城市后，"新北京"的深度改革阶段开始了，"从 2003 年开始到奥运结束后的 2012 年，每年引起的常住流动人口规模都比常规情况下多增加 30 万—60 万，整个奥运期间累计增加 115.23 万常住流动人口，其中累计净增加的常住流动人口规模绝对量达到 58.88 万人。"[②]杨亚洲的电影通过群体性脚步的声音生动传递出北京向国际化都市迈进过程中的基础力量信息，创作者对北京现代性的展现与思考关注社会底层人群。然而，其结果是悲观的，身为包工头的男主人公泥鳅面对工友的死亡选择在洁净、高档的医院里自杀身亡，最终善良的女主人公泥鳅为男主人公偿还了拖欠其他工友的工钱，随后领着孩子离开白雪覆盖的太庙修缮工地。镜头拍摄她们在重门中远去，随后又上移至白雪覆盖的琉璃瓦屋顶望向天空，同时画外钢琴低沉的曲调响起，尾音长，留有遗韵感，女泥鳅操着山东口音说道："庙啊，你盖在天上，我怎么还嫌低？"男泥鳅操着陕西口音说道："你躺在我身边，我（音饿）咋还想你。"城与人和时代的现代性思考态度展露无遗。由此可以判断 2005 年左右北京还处于李素琴所称的"半城市化"的阶段，她认为"由于改革开放后我国的城市化是在由计划经济向市场经济转轨中进行的，

---

① 童玉芬.奥运活动对北京市流动人口影响的定性定量分析 [J].人口研究 2008（1）：77.

② 童玉芬.奥运活动对北京市流动人口影响的定性定量分析 [J].人口研究 2008（1）：82.

并且主要是靠农村外出劳动力在城乡间候鸟式的往复流动来实现的，由此形成的中国城市化仅仅是劳动力而非农村人口进城，这种'半城市化'造成了诸多的问题，并连带产生了农民工阶层、三元社会。"① 该片还通过绿皮火车的鸣笛声和"咣当声"展现这种"半城市化"的现代化形态。农民坐着晃荡的火车来到北京，女泥鳅刚到北京就住在铁道边的朋友家，绿皮火车的声音彻夜不停，表现出北京的繁忙与现代化的嘈杂景象。更具意味的是，影片开场戏表达了在以火车为现代化代表的不均衡的社会快速发展中，农民阶层内部产生了分化。男泥鳅是早来北京打工的外来人员，因较早踏入北京的经历与精明的头脑，他做起了包工头，在带同乡来北京的货运车上遇到了淳朴的山东女人"女泥鳅"，以到北京后提供帮助和分享红霉素为诱因企图与女泥鳅发生关系。开场出现这样一个镜头：画面前景持续略过对面呼啸而过的货运火车，在货车的缝隙中和狂啸的声音中，女泥鳅痛骂男泥鳅"不要脸还赶不上个腔"，女泥鳅在影片中多次使出全身力气对很多农民工大声"喊"出这句见解，凸显女主人公在现代性的侵袭下坚守传统道德信念的精神，男泥鳅的种种行为代表了农民工阶层内部存在的利益关系与不平等现象。总而言之，在这种三元社会中，农民工没有权利与地位，这种见解在许多学者的研究中体现，如俞可平认为农民工与户籍居民间存在"公民身份差异和权利不平等，尤其表现在劳动权、居住权、福利权、教育权、医疗权方面"②。这些思考均造就了该片的结局设计，体现出创作者对这一群体的人文关怀。在这种不平等局面下，《太想爱你》（2005）中潘粤明饰演的西部青年操着

---

①　李素琴.中国新一轮城市化进程中的制约因素分析——基于社会阶层视角 [J].现代经济探讨，2011（4）：80.

②　俞可平.新移民运动、公民身份与制度变迁：对改革开放以来大规模农民工进城的一种政治学解释 [J].新华文摘，2010（10）：8.

一本正经的天真感十足的普通话一再通过对白内容"赤裸裸"地表达自己娶北京女人的愿望，以快速弥合身份的不平等。但最终，创作者还是安排他与伪装成北京女孩的朱古丽重逢，两个深情相拥的外来年轻人坚定表达着让子孙前赴后继留在北京的理想。这两部影片所展现的不同移民选择彰显出这种现代性冲撞至今还未完全消解，而这种现象只是中国改革开放进程中的典型代表。

二、群体声音的权力争夺

方言的使用在中国电影的历史上出现过几次断续，在中国有声电影产生初期除了声音录制技术的困扰，民国时期一直推行的"国语运动"也对其产生了深刻的影响。国民政府建立后期望将语言统一作为实现民族国家统一的先行步骤。1932 年教育部电影检查委员会发布通告要求影片一律采用国语，不得再用方言，这造成一大批演员在有声片时期的衰落与兴起，魏萍在著作中认为阮玲玉与黎莉莉便是衰落与兴起的代表。"国语运动"在电影、广播等新兴媒介中推广效果统一且良好，虽然有些演员的国语不免带有地方调，但在当时的中国已经算是了不起的成就。然而 1947 年在影片《假凤虚凰》中依然出现理发师的苏北方言，在国语运动已经常年推行的形势下，这种方言的出现被认为是对理发师行业的侮辱，从而使影片受到抵制。新中国成立后开始推广普通话，1956年 2 月 20 日发布的《国务院关于推广普通话的指示》称"汉语统一的基础已经存在，这就是以北京语音为标准音、以北方话为基础方言、以典范的现代白话文著作为语法规范的普通话"，基本沿用了清朝以来的北京官话为普通话的前身，"普通话普及率从 2000 年的 53% 提高到 2015 年的 73% 左右"①。新中国成立后至改革开放前仅有 1963 年的《抓壮丁》这一部电影使用过方言。1992 年随着改革开放进一步推进，张艺谋在《秋菊打官司》（1992）中开始使用陕西方言，继而在《有话好好说》（1993）中安排收废品的农民工举着扩音器用陕西话高喊"安（音俺）红，我（音饿）想你"表达爱情。这句对白至今令人印象深刻，与方言使用紧密相关，这也是北京题材电影中鲜明打出方言大旗的案例。然而，在北京题材电影中北京老城区大规模出现方言的群体感受与力量还要属《泥鳅也是鱼》（2005）。虽然男、女主人公只是在个别标志性字音方面传递方言特征，如我（音饿），称孩子为"娃娃"，懂什么（音懂仸么），呢（音捏），但其民俗基因中的方言语调与气势感是标准普通话所不具备的，这种带个别地域音的普通话延续着《有话好好说》（1993）塑造人物的方法。在古老的太庙院落中，修葺太庙的民工们争抢打饭，群杂声音震天；分两次唱响了同一地方的小曲，一次在男人赤裸沐浴的场景中，一次在男人们层层围成一个圆形边唱边跳庆祝老板又一次结婚的场景中，其视觉形式感与群体歌唱的田野感与狂野感像极《红高粱》（1988）中的《颠轿歌》段落，但比《颠轿歌》更具有原始篝火欢舞般的仪式感。帝王庙严肃的视觉仪式感与外来人群原始的形体与声音仪式感皆为传统的元素，却出现在即将迎来 2008 年世界赛事的首都北京，展现出创作者对中国不遗余力的现代性思考。北京这座古城正在接受着建城史上最显著的、具有充分自觉性的移民高峰。市场经济的强大动力和新北京规划形成的劳动力缺口使得北京又一次面临有中国特点的现代性冲撞，这种冲撞出现在老城区更彰显强烈的文化意味与符号意味。

---

① 中国新闻网.教育部：《中国识字人口使用规范汉字比例超过 95%》，据中国新闻网：http://www.xinhuanet.com//politics/2017-07/18/c_1121338290.htm,2017 年 7 月 18 日。

在这次冲撞中，北京本地人似乎在影片中有昙花一现之感——男泥鳅带着民工兄弟在公交车上逃票的一场戏中，面对狡猾精明的包工头，售票员追逐得气喘吁吁，少有声讨的力气。女售票员与司机的本地普通话仅出现几句，其余通篇皆为陕西口音普通话与山东口音普通话。而该片却不遗余力地在很多场景中以响度和清晰度凸显甚至刻意设计男女泥鳅的方言普通话，这种人物声音形象的整体设计思路彰显出现实中的本地人与外来人的权力争夺结果。很多评论者认为中国电影使用方言还是普通话是一种有意识的选择，例如，鲁晓鹏认为《世界》（2004）中"地方方言标志着落后、非现代，标志着与虚假的后现代世界不可通约的贫穷。这些流动人口代表了数目庞大的、被经济繁荣和现代化抛弃的落后地区的真实情况……方言和这些普通人的地方风俗的存在表明，地方和北京并不在同一个层面上，这片辽阔国土上的人们并不全然合乎现代化的节拍"。[①] 这种认知同样适用于《泥鳅也是鱼》（2005），女泥鳅比男泥鳅在北京使用方言的频率高很多，这充分表明了她的传统性，与之相比男泥鳅经过了更深刻的北京普通话改造，地域性词汇用量极少。

其实不仅是方言语音语调的选择体现创作意图，在北京题材电影中方言与普通话或方言与北京话之间的响度比例、运用频次、运用规模等都潜藏着深层次的话语权争夺意味，该片女售票员与包工头的声音形象证明了响度比例的观点。20世纪80年代的北京题材电影中外地口音比例极少，如《夕照街》（1982）中的居委会大妈由于扮演者浓重的家乡口音常年未改，因而在该片群体京味普通话氛围中形成个体特征，恰巧适合有些小权利、严守工作准则的居委会大妈形象。《有话好好说》（1993）中以赵小帅为代表的青年一代的北京普通话，张秋生的胡同腔普通话，

---

① 鲁晓鹏.21世纪汉语电影中的方言和现代性 [J].上海大学学报（社会科学版），2006（4）：15.

张艺谋饰演的收废品民工的陕西腔普通话在语音层面凸显了20世纪90年代初北京面对的传统与现代、本地与外地间复杂的矛盾冲突，其剧烈程度依然可以迫使冲动的年轻人用武力解决问题，物质社会与精神虚弱之间的必然联系也显露无疑。2000年管虎拍摄的《上车走吧》再次沿用《有话好好说》（1993）的桥段，用喊叫声扩散着来自不同地域的小巴运营人员之间残酷的商业竞争，成为新北京、新时代的"叫卖声"——三环沿线充斥着北京郊区"女音霸"的野蛮喊声、北京城区小伙的吞字喊声和山东小伙的腼腆喊声。在剧情设置中，山东方言反而成为引发同为异乡在京打工者的共鸣，成为高明"叫卖"的卖点并成为电视新闻的聚焦点，这个现象表明在国际化的物质北京中，另类感、乡土感成为人们精神上的追求。而影片多次刻意表现高明的竞争对手声嘶力竭的京郊口音，试图通过响度刺激观众的认知，使其在声势上占据优势地位引起高明的不自信，也引发了两者之间的实际战争。最终，高明忍受不了北京的工作状态与情感失利决定返乡，与坚持留在北京的同乡刘承强依依惜别。这种生存斗争的声音古已有之，法国历史学家阿兰·科尔班所著的《大地的钟声：19世纪法国乡村的音响状况和感官文化》一书从钟楼的钟声入手看待法国乡村中共和国与帝国，宗教与世俗之间的权力斗争。该书认为"掌握钟的用途，持有钟楼的钥匙，能够接近钟绳，同时构成了权力争斗中主要的得失"①，"不对钟声进行细致地研究，就不能清楚地了解大地上人们的生存节奏、地域的轮廓、对表现等级的赞同和反对"②。声音对于人们深入了解群体现象意义重大，且对北京现代性的揭示十分深刻。

---

①　阿兰·科尔班著，王斌译. 大地的钟声——19世纪法国乡村的音响状况和感官文化[M] 桂林：广西师范大学出版社，2003：305.

②　阿兰·科尔班著，王斌译. 大地的钟声——19世纪法国乡村的音响状况和感官文化[M] 桂林：广西师范大学出版社，2003：305.

第三章

电影声音建构怀旧视阈下的北京

20 世纪八九十年代，北京题材电影中呈现两次表达怀旧意味的集中创作，第一次是 80 年代初的《城南旧事》（1983）、《骆驼祥子》（1982）、《茶馆》（1982）等作品。它们以北平为叙事背景对传统文化进行回望，先于寻根文学和京味小说对现代化进程中的北京进行批判性反思。第二次是 90 年代的《离婚》（1992）、《蓝风筝》（1993）、《霸王别姬》（1993）、《阳光灿烂的日子》（1994）、《红尘》（1994）、《长大成人》（1997）、《北京人》（1998）等作品以新中国成立后的北京为回忆对象，表达美好的青春怀旧情结，也通过民国北平背景的影片与现实进行回望式对照，表达对北京现状的思考。而《黄连、厚朴》（1997）、《甲方乙方》（1997）、《网络时代的爱情》（1998）、《洗澡》（1999）则通过对北京物质现实与人的展现表达对正在消逝的北京传统的留恋。《青春无悔》（1991）直面胡同家园的拆除、留恋对越自卫反击战中的青春与激情的感觉，《上车走吧》（2000）独树一帜，表现出对乡土的留恋，恋乡情结扩及打工者阶层。

2000 年后，这种怀旧逐渐消失了，虽然《向日葵》（2005）以 1976年、1987 年和 1999 年三年为代表回望过去二十多年的人生，但其主旨是对深受时代影响的父子关系进行现代性思考。只有《新街口》（2006）对 70 年代北京年轻人的生活进行了怀旧式重构，充满后现代式的狂欢感与拼贴感，青春的躁动与成年后的失意形成强烈对比。2010 年以后，《蛋炒饭》（2011）采用后现代拼贴手法，模仿西方影片桥段对七八十年代北京年轻人的生活进行了重构。《老炮儿》（2015）追述着"文革时代"英雄的末路。《邪不压正》（2018）多年后又将故事背景搬回北平，在云南仿造一座用于拍摄的"北京城"。这三部影片用怀旧掩盖着对现实的隐喻：后奥运时代的国际化北京其地域色彩已面目全非，只有王大卫般的"傻子"才能在时代巨变中不随波逐流，现实更需要充满过时侠气的"老炮儿"才能"邪不压正"。中国电影的现代性怀旧过程生动地反映了改革开放40年北京现代化进程对电影创作者的影响：80年代初的怀旧表达对过去的抗拒与反思，90年代的怀旧面对传统的消逝而充满遐想，2000年以后在奥运会的刺激下对现代化的拥抱变得积极，怀旧只是少数人对现实困境的表达，2010年北京的现代化进程不断深入已然无法抗拒，在诸多问题的对照下凸显出对北京旧时传统的美好留恋。从电影声音层面看40年的电影，其怀旧有独特的逻辑与听点。

第一节　世俗烙印：从生活转为象征

一、声音的象征意义与现代性怀旧

在改革开放时期中国电影中，只要出现北京胡同镜头或北京老城区地标式历史建筑（特别是鼓楼、钟楼和白塔寺等），大部分创作者都会选择使用鸽哨声与画面一起建构北京老城区，表明其独特的地域性，如《干杯，女兵们》（1985）中白塔寺旁胡同里出现鸽哨声，《一切都好》（2016）中白塔寺旁四合院里鸽哨声响起，《红尘》（1994）中鸽哨声围着钟楼转，《剃头匠》（2006）片名出现时就使用鸽哨声。在大部分表现封建王朝和民国背景的影片中，鸽哨声更成为基本的环境声元素。现实中，"三年自然灾害和'文革'时期，鸽市渐渐衰退。1980年代，为了保持环境卫生，北京市还曾出台过'八不养政策'，从20世纪90年代开始，随着大规模的旧城改造，四合院成片消失，加上禽流感、机场安全等原因，北京的天空渐渐失去了鸽子的身影。"① 如今，大规模的鸽子养殖户和信鸽培育户集中在六环以外的地区，城内还有少数家养鸽子的爱鸽户。从电影到

---

① 芝麻匠通讯社：《从鸽哨看北京养鸽文化》，http://gdgs.chinaxinge.com/gdgs/show/?id=82170&newsid=3561254，2017年1月4日。

现实，我们看到，尤其是 21 世纪后，在鸽哨声逐渐失去生活根基的时代，"胡同或老城区地标＋鸽哨声"这种组合关系依然是相当多的中国电影对"北京"的描绘形式。无论外部世界发展多么迅猛，在创作者眼中，鸽哨声都是北京老城区的代表符号，永远与老城区淡然、悠远、古老、慢速的感觉相得益彰。在电影人的民俗观念中，鸽哨声与北京老城区地标形成了"视听合约"关系。这里用"视听合约"（audiovisual contract）这一"米歇尔·谢昂用来描述针对观众一方，将电影中声音与影像作为一个单一整体来对待的未及言明的契约术语"① 定义鸽哨声与北京老城区地标的关系。"在电影中的声—画关系被界定为'合约'中，谢昂提醒我们这一关系是'一种自然关系的对立面，这种关系产生于感知之间某种预先存在的和谐'。两个感知路径共同作用，两者相互影响我们感知，因此我们将它作为合一的整体来对待。"② 电影符号学认为"电影影像与其参照物的关系是形似关系，能指与所指几乎是一致的，有理据的，即镜头所表达的物象和含义就包括在镜头中"③，声音本身的能指与所指也是同构的。因而产生视听合约现象的原因在于影像与声音各自先在内部形成聚类关系，如设计描绘北京时，影像层面先选择拍什么物体或区域，再选择怎么拍，声音层面选择用什么音色、音调、音量的声音元素，以怎样的空间感、距离感、环境感、运动感以及层次分配，然后通过剪辑将二者的

---

① 原文为：Michel Chion's term for the unspoken agreement on the part of audiences to treat the sounds and images in a film as related, as composing a single (if not always coherent) whole. 引自 Tom Whittaker and Sarah Wright.*Locating The Voice in Film*：*Critical Approaches and Global Practices*[M]. New Yor.Oxford University Press，2017：84．

② 原文为：In framing the sound–image relationship in cinema as a 'contract'，Chion reminds us that this relationship is 'the opposite of a natural relationship arising from some sort of preexisting harmony among the perceptions'．引自 Tom Whittaker and Sarah Wright.*Locating The Voice in Film*：*Critical Approaches and Global Practices*[M]. New Yor.Oxford University Press，2017:85．

③ 电影艺术词典编委会．电影艺术词典 [M]．北京：中国电影出版社，1986:87．

选择结果组合起来，其原来各自的能指和所指同构关系被打破了，影像与声音组合后的所指产生了一种表意关系，成为象征符号。

值得研究的是，改革开放时期大量电影实践选择传统北京的遗留物——鸽哨声作为表达北京的象征性符号，这种创作思路展现出创作者深受第一章所示北京建构的人文基因影响，对北京的现代性持怀旧态度。它的遗存还展现出北京的传统并未随改革开放的现代化追逐而断裂，它的文化魅力依然在北京延续，就如同白塔寺、鼓楼和钟楼等传统建筑依然伫立。

电影《盛夏和她的未婚夫》（1985）中盛夏单位宿舍楼下是一个杂院，里面住着一个家庭贫困的修鞋男孩，但他每天坚持读英语。于是盛夏去找男孩聊天，寻找坚持学习的动力。在盛夏下楼到达院子之前，创作者设计了一只鸽子站在屋顶上的镜头，并发出"咕咕"的叫声，这种镜头组接意在刻意描绘胡同杂院与楼房世界的区别。男孩一语点醒盛夏，使她坚定了努力学习、参加高考的决心。这时盛夏不小心碰到倚在墙上的木杆，引发鸽群飞向天空，充满希望感的音乐顺势响起，映衬着笑容灿烂、仰望鸽群的盛夏。这里并没有用鸽哨声而是用音乐，说明在创作者眼中鸽子高飞象征希望，但鸽哨声不能代表新面貌、新状态的声音形象，因而选择用音乐烘托。与之相反，该片另有一个长镜头随着鸽群盘旋俯拍北京，画面中西山显得很近，山前有很多高楼，鸽群与高楼相互交叠。画面中展现的不是老城区景象，但依然用鸽哨声，而没有选择用音乐，这里鸽哨声只是展现故事发生地在北京，并无其他意义。从这两个例子可以看出，该片深层设计鸽哨声的展现，鸽哨声在创作者的潜意识中只是北京这座城市的代表之一，既不能代表老旧传统，也不能代表新的希望。对这个传统的声音，创作者加入了自己使用时的思考态度。出于北京声音形象考虑，创作者选择了颇具怀旧意味的鸽哨声，但并没有在理想主义色彩的电影情境中使用，这意味着在创作者的集体意识中，鸽哨声与现代性怀旧绑定在一起。它不会出现在追逐现代性的影片中，但在展现现代性思考和怀旧的影片中其使用合理性获得公认。

二、声音创作内涵深厚的民俗底蕴

在形成象征意义的过程中，声音元素的基本选择最为基础和重要，1978 年至 2018 年，电影人选择白塔寺、钟鼓楼附近的胡同为心目中最有地标性的胡同片区，而声音层面选择了世俗气息浓郁的鸽哨声。这种选择背后凝结着深厚的民俗底蕴。

（一）鸽子是北京地区的物质民俗 ①

玩鸽子、做鸽哨是传统民俗，即便满城噪声之时，也难以掩饰在某片较为安静的胡同片区上空，在某个时间段传来那盘旋的声音，它像是整个城市声音的"气口"，为人们带来一丝出神的机会。在电影的天空中，鸽哨依然保持它的魅力，既是城市环境声的有机部分，也是创作者笔下的叙事元素，更是北京的地域象征符号，对电影人来说还是北京城市记忆的象征符号。

"北京的家鸽嘴比较短，头顶与鼻孔之间有二簇短毛耸立，北京人称为'凤头'。羽毛的颜色有白、黑、灰、蓝、紫五种。最常见的鸽子又称'点

---

① 物质民俗指人民在创造和消费物质财富过程中所不断重复的、带有模式性的活动，以及由这种活动所产生的带有类型性的产品形式。引自：钟敬文主编．民俗学概论 [M]．上海：上海文艺出版社，2006：3．

子'，全身为白色，只有头顶、尾部为黑色或紫色。"① 古代贵族、富豪为饲养几百只鸽子而专门聘请"鸽子把式"，鸽友们愿意站在院子里看房檐上的鸽子，欣赏它独特的美感，更愿意听到它们在蓝天上盘旋所发出的曼妙声音，鸽哨声代表了北京人欣赏世界的视与听的双重审美需求。"鸽哨又叫鸽铃，鸽子飞翔带动气流穿过鸽哨发出声响，在北宋时期就有记载，当时主要用于军事。人们为了分辨鸽子是谁家的，会在鸽子身上带各种葫芦哨，单音、双音、三音的声音效果都不相同，频率也各不相同，哨口受风角度不同，强弱有别，哨音便呈现出变化。特别是在鸽群向左向右轮番回旋，即所谓'摔盘儿'时，哨音的变化更为明显，也更有规律。鸽哨主要用竹木和葫芦制作，重量很轻，不过七八克重。"② "价格便宜的在二三十钱左右，普通的有六七十钱，贵的从一元至二三元不等，大多在隆福寺神路街两侧的小鸟店内出售，缘日时，在护国寺一代也有售卖的店铺。"③ 老北京人玩什么都讲究，都要做到极致与考究，鸽哨经由满洲八旗贵族之手后具备帝王脚下的审美品位，曾有"八大家"④ 等专业工匠进行雕琢。随着满汉逐渐融合，清朝贵族日渐衰落，这种玩法普及民间，逐渐成为一种民俗玩物和一种艺术品，"北京鸽哨不论是制作水平、声响效果，还是品种类型，都算是最精致的。北京人养鸽放飞，叫作'飞盘'，这家放飞一'盘'鸽子，相邻的玩鸽子主儿爷撒天上一'盘'，鸽子相互往各自的'盘儿'里裹，主人则挥动竹竿，上面系着红色或黑色

---

① 段柄仁主编.北京胡同志（下）[M].北京：北京出版社，2007：925.

② 芝麻匠通讯社：《从鸽哨看北京养鸽文化》，http://gdgs.chinaxinge.com/gdgs/show/?id=82170&newsid=3561254，2017 年 1 月 4 日.

③ 中野江汉著，韩秋韵译.北京繁昌记[M].北京：北京联合出版公司，2017.1：393—394.

④ 芝麻匠通讯社：《从鸽哨看北京养鸽文化》，http://gdgs.chinaxinge.com/gdgs/show/?id=82170&newsid=3561254，2017 年 1 月 4 日.

的布条，来回晃动指挥，七荡八决，以两盘分胜负。"①

　　北京题材的电影中，鸽子是胡同杂院中经常出现的物质民俗，在改革开放语境中，养鸽子是城市平民的生活爱好，如《夕照街》（1983）和《爷俩开歌厅》（1992）中的二子、《请把信留下》（1984）中的孤儿和刘俊英、《我的九月》（1990）中的祥子、《小雪》（1991）中的交警杜渐、《老炮儿》（2015）中的六哥邻居，他们都在杂院中搭笼子、养鸽子并且爬到房顶上盘鸽子。《候补队员》（1983）、《盛夏和她的未婚夫》（1985）、《人间恩怨》（1987）虽然没有具体出现养鸽人，但鸽子形象和日常"咕咕"的声音、翅膀"扑棱"声、鸽哨盘旋声都出现过，透露出地方信息。

　　《夕照街》（1983）中有几场戏以二子养鸽子为叙事线索，如二子在房顶上拿长杆放鸽子，将邻院郑奶奶家小厨房房顶踩漏，居委会主任要二子写检查，通过这个细节表现居委会主任在片区的权威感；二子躲着居委会主任，因为主任总来贯彻禁养动物的规定，当主任问到他头上时，他贫嘴说想参加信鸽协会，居委会主任嘲笑他鸽子品种不好，一来二去逗笑中将话题岔开了，这个细节除权威感外，丰富了居委会主任也是胡同邻居的一面，公干中也有私下交流；二子着急去看电影，委托"万人嫌"李大叔帮他收鸽子，"万人嫌"占小便宜抓回两只悄悄炖着吃，这个细节描写了日常亲密的邻居关系，并刻画了"万人嫌"爱占小便宜的一面。《我的九月》（1990）中刘庆来跑过引得二进院落中的落地鸽子乱飞；养鸽的祥子看到暴风雨欲来，赶快呼唤鸽子回窝。《小雪》（1991）中杜渐能一眼认出眼前的鸽子是谁家养的。《老炮儿》（2015）中六哥邻居在房顶上

---

　　①　芝麻匠通讯社：《从鸽哨看北京养鸽文化》，http://gdgs.chinaxinge.com/gdgs/show/?id=82170&newsid=3561254，2017年1月4日。

赶鸽子，说："瞧咱这几盘儿鸽子，尤其那天逮那俩点子，地道！"①生动地描绘了养鸽人语汇并且显示胡同串子会逮别人家鸽子的情况。这几部影片中角色与鸽子有实质交集和互动，掀开养鸽生活的一角。此外，《夕照街》（1983）和《请把信留下》（1984）中都出现信鸽协会的信息，《请把信留下》（1984）还以玩鸽子、赛鸽子、卖鸽子为主要叙事元素，表现了 20 世纪 80 年代养鸽热潮，该片还展现从胡同搬到楼房居住的养鸽人在阳台上养鸽的场景，这与现实情况也十分吻合。《小雪》（1991）中鸽子的存在更是父女二人情感的寄托之物，使该片生活气息浓郁。小雪淋雨后发高烧导致听力减退，交警父亲杜渐为给孩子买助听器忍心卖掉了鸽子凑钱，最后认家的鸽子又飞回来，象征着希望。女儿小雪一直喜爱舞蹈，最后经过不懈练习在失聪情况下完美演绎舞蹈《小鸽子》。

（二）鸽哨声是老城区环境声的一部分

现实中鸽哨声是北京老城区环境声的一部分，"20 世纪七八十年代，人们常常听着鸽哨声起床，开始一天的生活。"②故事片《民警故事》（1995）中杨国立带徒弟认管辖片区的外景戏，真实地展现了北京老城区大街、小街、胡同之间的声音关系与听感，该片同期声比例达到 90% 以上③。这场戏共 18 个镜头，从镜头长度、人物所在空间、画面内容及镜头景别、音响声音几个角度对这种关系和听感进行分析后，可以综合感受到 20 世纪 90 年代初北京老城区的声音听感。其中镜头 7—9 所展现的二环以内胡同中部出现的鸽哨声使观众心理感觉更宁静。鸽哨声在 90 年

① 电影《老炮儿》中的对白。

② 芝麻匠通讯社：《从鸽哨看北京养鸽文化》，http://gdgs.chinaxinge.com/gdgs/show/?id=82170&newsid=3561254，2017 年 1 月 4 日。

③ 此数据来源于笔者与该片同期录音师王丹戎就此片同期比例问题的专题对话。

代初的北京胡同中仍然真实存在，并且可以在适当的嘈杂中映衬胡同的安静，为观众在嘈杂中留有一片净土，但在巨大的外部嘈杂声裹挟下，鸽哨声显得悠远而无力。此外，还有很多创作者将鸽哨声作为老城区的环境声元素进行运用，20世纪90年代以后的很多影片如《赚他一千万》（1992）、《六月男孩》（2001）、《玩酷青春》（2010）、《亲家过年》（2012）等，多次出现老城区与二环以外世界交集对比的场景，在胡同场景出现时运用鸽哨声强调老城区相较北京其他地区的特征与存在，成为在巨大社会变革中映衬人物的重要元素。

（三）创作者深受民俗传统影响

电影创作中存在必然也极具偶然性。电影声音创作者在同期录音时更多是即时、敏感地捕捉有意义的声音，因而《民警故事》中展现的鸽哨声是因为在拍摄现场就有鸽哨声作为物质民俗存在于胡同中。但是否将其现实的环境声属性纳入作品中，创作者会进行有意识的选择。《民警故事》选择录制并且竭尽能力展现它的存在，这就展现出创作者隐藏其中的现代性思考。在后期录音阶段，创作者使用鸽哨声时会出现几种可能性：一种为该创作者有北京胡同生活经验，一种为创作者没有北京胡同生活经验。第一种创作者在有胡同场景时使用鸽哨出于两种可能：一种是来源于生活经验、受地域民俗传统影响下的本能，另一种是在参考别的影片时发现鸽哨声好用因而模仿。第二种创作者没有地域传统民俗的影响，其在表现胡同场景时使用鸽哨出于两种可能：一种是在参考别的影片时发现鸽哨声好用，因而不假思索地模仿，但参考影片的初始创作必然经过人的思考，因而还是会受到民俗传统的影响；另一种是依靠文献资料与日常积累认识并有意识地运用到创作中。陶经在访谈中曾明确表示："技术只是录音师需要积累的一半，另一半就是文化积淀。"①
文化积淀过程会受到关于民俗研究、文学作品、图片作品、影像作品等
影响。

三、声音创作具备现代意识

中国电影在 1978 年以后体现出明确的现代意识，集中体现在对人
的表现、对人性的关怀。电影声音创作的世俗化勾勒，虽然使用了很多
传统的声音，如鸽哨声，但创作意识为现代意识，挖掘传统声音的现代
能力。

（一）鸽哨声蕴含人的精神追求

养鸽子在北京历史渊源中凝聚着浓重的人文情结。无论是专门表现
老城区生活的影片，还是部分带有老城区身影的影片，养鸽、遛鸟、养
鱼、玩虫、听戏等传统民俗元素都在电影中增添一点喘息与闲暇的情趣，
一如它们在日常生活中带给人们的精神慰藉一样。今天，这些依然充实
北京人生活的、可以被提升为"生活艺术"的民俗事象主要源于几百年
来清朝八旗子弟的"遗风"。跟随皇帝入主北京的八旗子弟环卫着皇城，
吃俸禄、无生计之忧，但却常年"困守"在四方城中。他们必须捍卫和
遵守皇权制度，在某种程度上没有自由可言，京城再大但在漫长的人生
中毕竟空间有限，因而滋生出在方寸间寻求精神寄托和人生价值的方式。
他们"平和、知足的心境"透过静心雕琢的"玩"的听觉信息准确地传

---

① 张成：《国际影坛回荡的中国声音——"金耳朵"陶经的录音心经》，http://www.
cflac.org.cn/ys/xwy/201204/t20120401_133169.html，2012 年 4 月 1 日。

递出来，反哺他们真正的人生。这种"玩"出来的听觉趣味与岁月同步，滋养着这方土地的人们，使这方土地产生了神奇的文化吸引力。通过日本人中野江汉描绘的北平岁月，可以看到北京人"玩"中的听觉文化感受被一个外国人敏锐地捕捉到了："北京春季的名物是黄尘，然而，也只有在北京才能体会到的天空的妙乐。从干燥且毫无一点阴翳转至晴空万里的北京的天空中，在微微投射出旭影之时，忽然传来宛如高空中仙家的洞箫声般的仙乐，当人们在床榻上踌躇于是否起床时，似梦非梦中听闻箫声的快慰，是未住在北京的人们所不能体会的。"① 他分析鸽哨的听觉文化与人们所处的自然环境、地理因素都有着久远的联系："虽然不知这个（鸽）哨儿出自何人的设想，但在填补自然的缺陷这一点上，没有比这个更得要领的想法了。在不晴不雨、黄尘万丈、被压迫的沉闷的空气里居住着的人们，总有些倍感欠缺的心绪，在这片满目荒凉的土地上，晨晓时分，天空中忽然传来声响，时远时近，嘹亮悠扬，宛如空中的鸣鸾一般的仙乐传入耳际，令人心神顿觉爽快，这确实是北京一大名物。"② 养鸽是在天上追求超脱于物质世界，从而在整体人生态度上获得愉悦与平和。《小雪》（1991）中鸽子是相依为命的父女俩的忠实陪伴，父女俩在困难的日子里经常沉浸在鸽子在天空盘旋所带来的喜悦中。

养鸽民俗传承到《夕照街》（1983）和《父与子》（1986）中以二子为代表的"五零后"人群中，至1990年代末以后就没有直接表现养鸽场景的电影了。这体现出养鸽不再与大部分人的精神追求相关联，物质追求在现实中达到一种新境界，而精神逐渐变为荒漠，因而在90年代以后的电影中需要表现老北京生活时，现实生活中没有新的物质民俗事象具

---

① 中野江汉著，韩秋韵译. 北京繁昌记 [M]. 北京：北京联合出版公司，2007：393—394.

② 中野江汉著，韩秋韵译. 北京繁昌记 [M]. 北京：北京联合出版公司，2007：393—394.

备可替代性。鸽哨声作为记录在文学作品、影视作品、图片资料、民俗研究中的与老北京和胡同片区密切相关的元素，其具备声形并茂的特征，必然成为创作者的选择。

（二）声音创作现代意识与现代性怀旧

电影本身就是现代化的产物。1978 年，北京电影学院招收了"文化大革命"后的第一批大学生，世称"第五代"。"第五代"与他们的老师们"第四代"在"文化大革命"后共同学习共同成长，在学院中触及大量的外国电影资料，他们所学习的电影语言以苏联体系为基础，但更在新时期接受了西方现代电影语言的影响，尤其是"新现实主义"与"新浪潮"的影响。1979 年"第四代"导演张暖忻就面对中国电影的落后局面，在《电影艺术》杂志第 3 期发表了著名的文章《谈电影语言的现代化》，希望电影界实现思想解放，回归对电影本体艺术性、表现技巧、美学、语言等层面的重视，肯定意大利和法国电影在 20 世纪五六十年代对电影语言摆脱戏剧化的推进作用，尤其是通过细节表现生活和心理刻画的方法和态度。新时期电影的现代性展现在语言的变革中。在声音层面，声音意识从传统走向了现代，强调声音与画面并行的综合意识。

以鸽哨声为例，很多影片使用鸽哨声外化人物心理感受，进行人物心理刻画。《本命年》（1989）中两次用鸽哨声：李慧泉刚从监狱回家后，打开房门躺在满是灰尘的小屋中仰望，此时鸽哨声划过，凸显了一丝寂寥，也衬托李慧泉对往事的思绪；他到已去世母亲工作的工厂想接班工作，发现厂子已经倒闭。随着鸽哨声响起，李慧泉悄无声息地消失了，人生的过往已经无法帮助李慧泉，只有远离并前行的路可走。两次鸽哨声虽然具体应用情境不同，但在使用时都被赋予"往事不可追"的意义。《北京你早》（1990）中小红跟强子谈分手时，两人走在胡同里，鸽哨声一直在场景中回响，凸显两个胡同儿女内心的烦乱。表现外来演员生活的《昨天》（2001）中贾宏声把顺兴轰走后，坐在窗台上，谁也不想见也不想说话，窗外鸽群在飞，鸽哨声环绕，映衬他内心孤独和脆弱。还有两部影片中并未出现鸽子的身影，人物居住环境也并未展露养鸽痕迹，但都选择用鸽哨声衬托人物内心。如新时期气息浓郁的《吾家有女》（1994）从来没有鸽哨声存在的真实基础，但在片尾也还是用到鸽哨声：父亲告知女儿身世后的第二天，爸爸睡醒后本能地叫小文，发现孩子没在房间，他害怕出事追出门去，开门的一瞬间，逆光和鸽哨的声音飘进来，父亲看到女儿拎着塑料篮站在门口积极面对新的一天，二人面对面站着，鸽哨声一直存在，表现二人之间纷繁复杂的内心。《大雪冬至》（2018）中大雪的邻居王大爷死在屋里两三天都没有被儿女发现，女儿和儿子知道后反而站在胡同中互相埋怨和指责。老太太大雪在旁边远远地看着这一幕，这时鸽哨声响起作为音响效果使用，衬托大雪面对邻居死后凄凉心寒的感受。过小年当天，孤独的大雪跟女儿通电话以后，鸽哨声响起，烘托出其孤寂的生活以及心中对女儿的想念。上述几部影片选择传统的鸽哨声外化人物心理，映衬着北京现代化过程中声音所代表的传统与往事之间的叙事关联。无论是 20 世纪 80 年代还是 21 世纪初，北京的传统仍在延续，很多人在时代变迁中感受孤独，感受与时代的心理距离，这种现代性怀旧意味通过鸽哨声传递。中国影人用西方电影语言手段表达中国故事与人物情感。

养鸽—鸽哨—北京老城区—电影中的北京老城区形成了递进式关系，鸽哨声从物质现实的存在演变为具有象征意义的声音，创作者以传统的声音在精神上追忆过去的美好，用传统的声音在艺术中建构着他们心中的精神北京，以此方式对抗现代化的侵蚀。在现实中众人一心追逐现代化、自由主义、享用世俗生活与消费主义观念时，电影人却在八九十年代的精神上留恋中国的传统，用电影技巧表现中国故事，他们在精神层面上处于现代性的反面。

第二节　音乐怀旧：吉他与戏曲同归

一、吉他与现代性怀旧

中国电影中是否有影像层面充满现实的躁动而声音层面带有怀旧情绪的影片呢？《上车走吧》（2000）这部电影史上名不见经传的影片又一次因电影声音创作现代性问题被提及。在第二章中，本书曾分析其嘈杂人声背后表达的群体声音争夺话语权力的实质，也将该片归入淋漓尽致展现北京现代性冲撞的行列。然而冲撞结果有优有劣，身处其中的人有进有退。20 世纪 90 年代改革开放深化阶段北京市的住宅建设重点从市区转向边缘地带和卫星城镇，希望通过住宅建设转向保证更多平民安居乐业，扩大居住面积，而同时老城区内兴建或翻建了新型高档住宅，吸纳许多中产及上层人群；而外来打工者也有抓住改革开放红利身份从城市底层上升的典型，正是这种典型激励着《上车走吧》（2000）中的山东小巴司机刘承强坚持留在资源集中、人口红利大的北京，当然也有如高明一般一再受挫失意黯然归乡的人群。该片采用倒叙方式和前后呼应的方式在片头片尾两次展现"70 后"刘承强用标准普通话展现的无情感波澜平静低沉的旁白："1998 年 7 月 4 日，那一天，我和小明走的……

当时我还不知道前面有什么在等着我们，但我们毕竟离开了这个我们生活了 20 多年我们太过熟悉的地方。我们终于将要去到那个自小就梦想的城市（北京），那种离开时的兴奋我到今天仍然记得。"该片的人声设计充分说明了一点，即刘承强在片头旁白时使用普通话而在正片中他从满口山东口音普通话慢慢改造为多年后的纯正普通话，北京在语音方面改造了农民子弟，但说着标准普通话的刘承强其旁白却没有情感，情绪低沉，这说明现代性虽然吸引他继续留在北京，但现代性改造使他失却了初来时的向往与激情。更重要的是，片头影像突出表现刘承强与高明二人背着包袱兴奋地走出村子的情境，但主观交响乐从旋律到配器却没有一丝兴奋的感觉，刘承强的旁白平静又低沉，这与画面形成了声画对位，片头已经为整部影片奠定了基调，刘承强以麻木状态回望初来的兴奋，画面与声音最初的声画对位在故事结束时令人感悟到声画并行的效果，这不得不说是一个特殊又现实的现象，声音中的现代性批判一直存在，随着观众对人物境遇深入地了解而最终被理解，创作者的设计暗藏深意。

初到北京，站在北京站的宽阔广场上，高明赞叹"哎呦北京，真大哈"①，镜头围绕二人旋转展现二人对北京的第一次观察。然而从这里开始，片中的音乐又进一步简化为吉他的单一音色与旋律，创作者在音乐层面使用原声吉他淡淡的情绪和带有一丝波澜感的和弦"抗拒"着三环以外北京的整体嘈杂感——片中兄弟二人感受到的巨大竞争和压力，是他们离村时不曾想到的。他们自小向往的北京是通过广播、报纸、电影、电视等媒介建构的北京，是还乡的亲戚夸张渲染的北京。当然，即便这些亲戚在北京参与的是底层工作，但在城乡差距巨大的、首都与地方差

---

① 电影《上车走吧》中的对白。

距巨大的改革开放前 20 年中，他们的工作也足以让身处农村的乡亲产生向往。在他们眼中，小软哥在三环的小巴车就是北京的代名词，二人谈论小软哥的小巴，其山东口音的语调语气带来一种天然的熟悉感，就如同那小巴是自家的，小软哥运营小巴的三环便是北京的全部。北京是物质财富的集中地，三环是收获财富的北京代名词，因而二人从北京站直接去三环略过了老城区。城乡差距、地域差距使人的认知界限不同，90 年代以后北京在不同生长环境、文化视野的人们眼中出现了分裂，古都和老城对外来打工者不具备天然吸引力，北京文化缺失在消费社会中让本地人失去方向，而在外来人群眼中新区域是现代性驱动力。管虎导演作为北京出生的本地人可以算作新中国成立以后的"大院儿"子弟，常年住在北三环北京电影制片厂，七八岁时全家住在东城区帽儿胡同中央实验话剧院，后来还经常去父亲下放单位中国第五药物研究所（位于原宣武区）。父母和姐姐皆为演员，在家中受到艺术熏陶和艺术观念的影响，家人常年聚少离多，且由于父母"文革"期间受到冲击，12 岁前一直由邻居爷爷带大，养成了独立的性格。因而他有着北京胡同生活的经历，也拥有"文革"的复杂记忆，自小独立，对艺术带有自然基因，因而他在业界被认为具有强烈的人文关怀和现实批判性。他的电影作品从 90 年代就开始分阶段观察北京的变化，延续着"第六代"因经费短缺和市场经济改革而自然形成的对身边故事的表达思路，敏锐地捕捉到摇滚乐体现的北京胡同年青一代的迷茫与呐喊（1994 年《头发乱了》），山东打工人群（管虎祖籍山东）在北京的生存权争夺（2000 年《上车走吧》）以及北京中年人在飞速发展中固守的人生观与价值观（2015 年《老炮儿》）。从他的创作年表看来，北京的形象分裂在 90 年代出现在老城区内部，现实中胡同被大片拆除，精神上年轻人西化迷乱，而 2000 年则出现了上述老城与新区域之间的分裂，北京的现代性断裂已体现在外部与表面。2015 年，在经过奥运会的全面改造和重塑后，北京焕发了新的活力，形象分裂却依然存在，有权势之人与老炮儿居住空间差距显著，但在精神上各有各的隐忧，老炮儿最终选择通过体面死去来强烈批判现实。

这里涉及一个问题，为什么创作者选择吉他的音色来表达这种意图？"第六代"路学长的成名作《长大成人》（1997）全篇亦用吉他作为唯一的音色涂抹着淡淡的忧伤与怀旧气息；管虎 15 年后的怀旧之作《老炮儿》（2015）中已经过时的六哥穿着皮衣在女友的酒吧里弹吉他，影片片尾字幕用小画幅表现中年老炮儿们集体从拘留所走出，洋溢着青春的微笑，配乐则用吉他演奏歌曲《花房姑娘》。这三部电影都用大篇幅的吉他音色表达对青春的怀旧与对现实的批判。

吉他历史非常古老，甚至超过钢琴与小提琴，由阿拉伯人的传统乐器乌特转换而来，充满了伊斯兰文明从 7 世纪开始的东、西两端扩张而形成的摩尔文化混杂风情。公元 12 世纪至 14 世纪，它从西亚和北非传入欧洲腹地希腊、意大利、西班牙等地，被称为琉特（lute）。随后吉他又经历了古典吉他到现代吉他的演变，自身具有很多类别，也有很多分支乐器。其中古典吉他被列为"世界著名三大乐器"中的"乐器王子"。吉他便携且可以同时发出很多声音，可以独立实现旋律和伴奏织体，尤其是金属弦木吉他"具有很强的包容性"[①]，中国古典吉他大师、中央音乐学院古典吉他系教授陈志认为："这么一件轻便的乐器能奏出如此多变的音色、丰富的和弦、复杂的声部以及跨世纪、跨民族的表现能力，特别是从音乐表现能力来说，无论是文艺复兴时期、巴罗克时期、古典时

---

① 杨志刚，马贞维. 中式吉他的提出背景及发展初探 [J]. 民族音乐，2017（2）：38.

期还是浪漫派、近代派、现代派的音乐，古典吉他都能够达释自如。"①
可以说吉他是融合了东西方风情与特征的乐器，因而其在世界范围内的
普及与不断革新未有阻碍，有着极强的生命力，杨志刚称其为"入侵性
极强的音乐"②。需要注意的一点是，吉他一直是民歌乐器，它一直生动
地表达着民众的情感，极具情感渲染力。

在东方，吉他先传入日本，随后大致在 20 世纪 30 年代传入中国，
是伴随西方现代化一同进入中国的西洋传统乐器。它在中国人的认知中
一直属于流行音乐的一部分，电影音乐创作者如聂耳拥有吉他并用吉他
协助创作。使用吉他音色说明创作者接受西方思想与文化，他们表达情
绪、表达状态、表达思想皆已习惯使用西方乐器。然而吉他初来中国时
普及程度并不高，这与当时中国的文化传统惯性影响与大众情感表达方
式有密切关系，仅有精英人群才对其有认识。新中国成立后，比较普及
的是吉他中的一种——夏威夷吉他，古典吉他大师陈志在"文革"前曾
用夏威夷吉他为新闻电影片《刘少奇访问印度尼西亚》和之后的《潜海
姑娘》配过音③。新中国成立以后，吉他在民众中的认知度比民国时期更
广泛，这可能受苏联的影响，苏联电影和东欧电影中会出现吉他，而外
文书店也售卖苏联的吉他曲谱。《六弦琴弹奏法》④ 的出版证明 50 年代吉
他弹奏有很多受众与学习人群，清华大学还有专门教师教授吉他⑤。"文

---

① 陈志古典吉他技巧与表现讲座内容。

② 杨志刚，马贞维．中式吉他的提出背景及发展初探 [J]．民族音乐，2017（2）：39.

③ Baroque：《一个吉他老人的吉他故事（连载之二）》，http://bbs.tianya.cn/post-26-530582-1.shtml，2018 年 12 月 21 日。他的回忆有合理性，因为陈志教授 1964 年进入新影乐团（现中国电影乐团）工作。

④ 林建国编．六弦琴弹奏法 [M]．北京：音乐出版社，1958.

⑤ 现中央音乐学院古典吉他系教授陈志曾于 1958 年在清华大学音乐室教授键盘乐器和吉他。

革"期间，吉他由于其浪漫细腻的表达与当时极左政治影响下个人情感禁忌氛围相左而被划作资产阶级乐器，被称为"流氓乐器"，基本上在大众中销声匿迹。只有《长大成人》（1997）中大哥级无业青年纪文（时被归为流氓一类）才会拥有吉他，这是他个人背景与魅力展现的一个重要道具，对尚值少年的工人子弟来说，吉他在那个年代对男主人公来说是一种诱惑，因而他一辈子与纪文、乐队、纪文的女朋友纠缠不清，并在成人后以弹琴为职业，吉他被赋予启蒙的意义。"文革"后期暗潮涌动，人们在 70 年代初林彪反革命集团覆灭后即开始反思过往，地下诗社层出不穷，僵化的思想逐渐松动。1980 年拍摄的影片《残雪》中高级干部周丰在胡同家中一直给"文革"期间到新疆的儿子周伟光保留着房间，墙壁上挂着吉他。结合"文革"期间出现过的内部资料片放映等事实，可以肯定电影中这一道具设计充分体现"文革"期间在部分有背景家庭中吉他正常存在。70 年代末吉他又一次成为认识西方现代性的重要文化载体。彼时，西方吉他已经与摇滚乐结合起来在文化领域真正掀起了革命，西方社会的政治、文化领域受到了极大冲击，西方人也经历过一次思想解放。在中国，邓丽君以她甜美、亲切富于感情的声音率先打开了人们思想解放的大门，其声音被很多保守主义者称为"靡靡之音"，可见如今认为甜美无害的声音在刚刚打开禁锢的思想氛围里具备瓦解意志的威胁性，声音的政治性在特殊时期凸显出来。邓丽君的抒情歌曲与台湾民谣主要通过收音机、录音机等媒介春风般冲击着人们的情感世界。萧冬连的研究谈及这些媒介在 1978 年前的大陆就已出现的原因："'文化大革命'结束，国门初开，进出境旅客大增，大批华侨和港澳台同胞回国探亲观光，同内地亲友和群众广泛接触，并带进大批内地紧缺的商品和生活用品。在当地，家族中有无华侨或港澳关系，生活条件对比十分明显。"① 媒介的普及之风从南到北刮过，大众感受到流行歌曲和民谣带来的淳朴风情与个人情感表达，在充满理想主义色彩的影片《盛夏的未婚夫》（1983）末尾，通过学英语考上大学的盛夏和她的伙伴们充满朝气地郊游香山，一边弹民谣吉他一边唱《外婆的澎湖湾》，畅想着充满希望的未来。

在 20 世纪八九十年代的北京题材电影中，人物设置与吉他有关的影片有：高干子弟少强在胡同家中有架子鼓、电吉他和电子琴（1987《人间恩怨》）；一群小贩在立交桥上弹民谣吉他唱《爱你在心口难开》，边唱边撩拨过路女孩（1988 年《傻帽经理》）；咖啡馆楼下门口有人弹民谣吉他唱土情歌引发一群男孩围观，李慧泉对此不理会径直进咖啡馆迷失在女孩的歌声中（1990《本命年》）；九子与电吉他手男朋友一起住在胡同里（1992 年《我想有个家》）；1993《北京杂种》半纪实地展现摇滚界与社会边缘分子的故事；胡同中厨子的女儿和几个玩音乐的朋友热闹聊外国艺人，故事中的年轻人穿短袖短裤、歪戴牛仔帽、穿牛仔裤、拎吉他回院，邻居老李头很看不惯称其为"串秧儿"，却认为俗称"蹦擦擦"的国标舞高雅（1998《龙飞凤舞》）。从拍摄年代顺序、吉他品种、演奏欣赏人群、旁观者评价等方面分析这些影片，八九十年代民谣吉他在大陆最普及，弹奏的人群大部分为无所事事的青年。然而高干子弟或大院子弟却于 80 年代初就较先接触西方正流行的摇滚乐，如崔健因较早接触到爵士乐② 而学习吉他，并于 1983 年写下第一首歌《我爱我的吉他》，三年之后便以《一无所有》宣告中国摇滚乐诞生。90 年代大陆摇滚乐走向

---

① 萧冬连.国门是如何打开的——中国对外开放的起步过程[J].中共党史研究,2018(4):32—33.

② 崔健1981年加入北京交响乐团，在那里接触到爵士乐。

繁荣又逐渐沉寂，1986 年开始普及的国标舞则由于其专业性、组织性、官方推广性质而获得大众认可，普通中青年民众也流行跳综合国标舞与民间舞的新型交际舞。同为西方的艺术形式，摇滚与国标舞却在中国化的过程中由于官方政治认定和民众反映等因素被贴上不同标签。随着民谣与摇滚的相对沉寂，吉他也较少作为主要道具出现在 2000 年后的中国电影中，这是由于电影捕捉新鲜事物与奇观的本性决定的，更源于一个现实，即 2000 年后随着人们物质生活水平的提高和眼界、观念更加开放，吉他在大陆群众中不再具有文化奇观性与代表性，人们表达浪漫的方式也更加多样，它成为一件人们生活中极为普通的乐器，这便回答了关于《上车走吧》（2000）的吉他配乐的问题。

吉他曾是一件时髦的、表达浪漫的、象征先进的主要乐器，1987 年电影《超速》中盛柏年逛天坛公园谈恋爱时主观音乐用浪漫的吉他渲染气氛；1990 年《北京你早》还曾设计这样的情节：公交车司机邹永强爱拉京胡，但当女朋友售票员艾红问他时，他不好意思说自己的爱好是拉京胡，而是弹吉他。这是因为在当时的时代意识与社会文化中，传统京胡被认为是过时的、落后的，而弹吉他代表着时髦，容易受年轻女孩青睐，这种意识已经深入北京普通人的思想中。而当艾红与教她听英文歌、为她打开世界大门的克克在一起后，邹永强面对传统工人家庭的羁绊时生气摔碎了吉他，这象征他的希望破灭了。而 21 世纪后，吉他的普遍存在已经让人忽视它的现状而变为了一代人年轻时的记忆，用它的音色来表达现代性怀旧情绪暗合时代性与主观性。于是 2011 年充满怀旧情绪的治愈电影《我不再让你孤单》中香港底层社会出身的"北漂"李佩茹听宽厚、朴实、善良的本地民警方镇东弹吉他，唱着陈升于 1995 年创作的《不再让我孤单》，李佩茹在北京找到了久违的真情，最终使她鼓足勇气与方镇东共同撑起一家人的生活。吉他代表着美好，歌曲名称与影片名称有主题同一性，香港导演刘伟强试图建构香港—北京间的现代性思考，明喻北京的包容与胸怀，北京保有一些值得向往的美好传统。纵观吉他与北京题材电影的创作关系，吉他这一乐器在电影中从代表时髦到日常习惯再到寄托怀旧情绪的功能转变皆可归为北京乃至中国在改革开放后其现代化进程更迭速度过快，前现代、现代、后现代面貌不断更迭却同时存在。人们对物的认知刷新速度太快，在人类技术跨越式发展所带来的抖音、微信等社交现象面前，吉他确实过时了，已成为现代性进程中的又一"传统"事物。

二、戏曲与现代性怀旧

在 1978 年以后的中国电影中，在表现时代生活的影片中京剧的出现频次、受众阶层划分等情形与现实中同样凋零——80 年代多种主义冲撞之时京剧几乎不见踪影，90 年代现实题材的电影中则与老年群体绑定了文化形象（1992 年《找乐》）。然而在怀旧的影片中，1993 年拍摄的《霸王别姬》使京剧惊艳世界，中国电影再次获得三大 A 类电影节的最高荣誉，成为中国电影史上的里程碑。陈凯歌导演通过京剧故事展现宏大历史叙事中的人性，从文化意义上来看，美轮美奂的京剧展现获得了中国传统与民族现代性的认可，人文主义精神与观看历史的视角符合现代性角度，迎合国际电影节的评审品位。陈凯歌导演在"第五代"乡土中国的创作巅峰后于 90 年代将视线转回城市与传统文化，与他一贯的思辨性一致，也深受家庭艺术熏陶的影响，与其父陈怀皑丰富的戏曲电影拍摄经历有关，并且据陈凯歌回忆录中记述，他自小深受中国古诗词影响，还与他在北京生长受地域文化影响有关，更受到 90 年代中国经济、文化形势给知识分子造成的精神影响有关。

京剧是中国的传统艺术，也是大众化的艺术。新中国成立后，京剧仍然是很多大众精神生活的重要组成部分，同时京剧也进行着社会主义现代戏改革。"文革"期间受极左政治的影响形成了"八个样板戏"的文化景观，但其僵化形式与政治主旨，使之成为社会主义现代性探索的畸形结果，不过它在政治操纵下其受众面极大。改革开放后京剧真正失去大部分观众，流行文化掀开了人们禁锢的心灵，在对"文革"的痛定思痛中，人们迅速对西方文化趋之若鹜。1978 年邓小平作出扩大派遣留学生战略决策，同年教育部、外交部和国家科委联合召开的"部分驻外使馆文化参赞会议"得出提倡自费出国的结论，这种自上而下的影响在知识分子群体中掀起了留学大潮。当这些留学者回到祖国参与建设时，也同时带回了西方的科技与文化，进而通过研究、著述、媒介等各种形式影响普通大众；留在本地的群众受到由南向北刮来的港台文化和物质文化的强烈刺激，以及流行文化的熏陶、物质文化的不断升级革新人们的世界观和思想意识。80 年代初"传统"在文学、电影、戏剧中被短暂地留恋后，迅速被人们自觉地抛在脑后。《锅碗瓢盆交响曲》（1983）改革者牛宏的姐姐是京剧团的演员，拥有"大锅饭"工作，思想观念传统，体现着老北京长姐的率真、直爽与孝顺。影片没有对她刻意贬低，但京剧团并未在剧情中构成叙事冲突，这种设置与选择本身就代表其在创作者观念中的位置。1987 年《人间恩怨》的故事简介直白地透露影片立意："通过对邵强和杨小虎的不同价值观念的比较，反映出一代青年在人生道路上的不同选择。影片讴歌了奋进向上的独立精神，搏击了传统文化中的封建残余意识。"① 片中在表现杨小虎家院子时，无源音乐用京剧里

①　电影《人间恩怨》故事简介。

的小鼓来描绘，而邵强家的院子则突出邵强练习架子鼓的有源音乐。无源音乐和有源音乐的区分设计、京剧音乐元素与西洋音乐元素的对比，充分体现了影片立意，赋予京剧以阶层意识与现代性批判意识。《顽主》（1988）经典的 T 台走秀中，京剧、话剧演员和泳装、时装模特凑在一起，民国、现代服装混搭出现，京剧成为青年人眼中后现代狂欢中的俗物，颠覆了百年来树立的艺术形象。《找乐》（1992）进一步通过剧情和影像直面京剧剧场的衰败与剧团演员的离散现状。令人印象深刻的场景还有老韩头儿组织的京剧队参加业余文艺大奖赛时接受报社记者采访，当被问到拉胡琴的老头家人是否支持老人唱京剧时，老头回答："一听我拉琴，一家子都嚷嚷，出来啊（指参加京剧队）省得在家里闷得慌。"这句对白渗透出老人家中的中青年一代皆已不能接受京剧，将拉胡琴的声音比作"噪声"。曾经令票友群情激动的音乐如今被当作噪声，究其原因是现实中京剧演出空间萎缩，演出场次少，使得业余爱好者不能像旧时一样每天到茶棚戏院打发时间；流行文化与当时老年一代的审美相距太远，不能融合；现实生活空间狭小。京剧在人们观念中成为过时的玩意儿，因而家人不支持老人在有限的空间内拉胡琴。

费孝通教授等学者于 1993 年 12 月 4 日以"传统文化·改革开放·世界新格局"为题进行座谈，费孝通提到"当时世界上研究中国文化的风气很盛"[1]；周有光认为"中国对西洋文化的态度经历了三个阶段的变化，如今正处于第三阶段'洋为中用'的实践中"[2]；陈来认为"以儒家为代表的中国文化经历了 20 世纪的严厉批判，已经走出低谷，开始面临一个

---

① 费孝通，任继愈，周有光，陈来，苏双碧，袁行霈，李申，陶大镛. 传统文化·改革开放·世界新格局 [J]. 群言，1994（2）：5.

② 费孝通，任继愈，周有光，陈来，苏双碧，袁行霈，李申，陶大镛. 传统文化·改革开放·世界新格局 [J]. 群言，1994（2）：8.

新的发展"，提出"以仁为体，以和为用；吸收西方文化以推之，弘扬中国文化以挽之"①；袁行霈提出当时北京大学的"国学热"已被纳入媒体视线，认为"失去自己的根，也就失去了与别人交融的基础"②等观点。这次会议说明有识之士已经认识到在 20 世纪 80 年代部分中国青年对传统厌弃的现实，同时文化界提倡保留和宣扬优秀传统文化，找到优秀传统文化中的精华并继承和发展，同时吸收西方文化的精华。还提出"现在，科技文化已经发展成为全人类的'国际文化'……中国不仅应当'利用'这全人类的公有财富，还应当走进它的殿堂，参与它的创造，丰富它的内涵，使中国从国际文化的'客人'，变为国际文化的'主人'"③，积极参与西方科技发展，而将中国"仁""和"的观念与价值输出，对 21 世纪人类提供意义④。然而，他们的知识分子思考是超前于时代的，90 年代世俗社会中经济大潮汹涌，人们在 1989 年后从"理想主义"转为"实用主义"，对宏观大事失却热情而醉心于物质积累。经过 20 年的熏陶，中国人的一言一行、精神与物质标准甚至教育方式无不受到西方文化的深刻影响，北京人的文化精神已被纳入国际化的轨道中。传统京剧只在老年群体中留有余韵，如《"二子"开店》（1987）、《找乐》（1992），而"50后"的人群则深受京剧现代戏的影响。影片《吾家有女》（1994）表现父亲带收养的女儿到当时最时髦的餐厅"必胜客"吃饭，准备对她透露身

---

① 费孝通，任继愈，周有光，陈来，苏双碧，袁行霈，李申，陶大镛.传统文化·改革开放·世界新格局 [J].群言，1994（2）：10—11.

② 费孝通，任继愈，周有光，陈来，苏双碧，袁行霈，李申，陶大镛.传统文化·改革开放·世界新格局 [J].群言，1994（2）：13.

③ 费孝通，任继愈，周有光，陈来，苏双碧，袁行霈，李申，陶大镛.传统文化·改革开放·世界新格局 [J].群言，1994（2）：8.

④ 费孝通，任继愈，周有光，陈来，苏双碧，袁行霈，李申，陶大镛.传统文化·改革开放·世界新格局 [J].群言，1994（2）：11.

世让她跟随亲生母亲出国留学。喝酒兴起之时，他在餐厅中唱革命现代京剧《红灯记》为自己鼓劲。歌声与餐厅的钢琴伴奏乐声形成时代与审美心理的对比，在两种声音的差异中，画面转向表现他独自抚养女儿长大的过往回忆。唱革命京剧不仅透露了他的年龄与经历，同时展现他的革命情怀与精神境界。90年代随着市场经济体制改革的浪潮，传统京剧在纯粹的市场竞争中更加显得无助，人才凋零外流，变成了小众艺术。

家庭、文化、社会的影响促使陈凯歌思考，同时在创作题材设定时选择了自己最为熟悉的传统艺术形式为核心，又融入了京剧的历史变迁维度，使作品立体丰富、富于中国特色的文化气息，委婉地通过回望历史表达对现实的思考与批判。之所以将《霸王别姬》归为现代性怀旧作品是因为它的主题与整体叙事思路皆无意利用京剧自身的流行文化特征和变革性展现现代性追逐的面貌。

京剧为中国的国粹艺术，从京剧的发展历史来看，它在中国本土文化进程中就是极为典型的流行文化与民间文化代表，同时它是中国本土艺术聚合发展的集大成者，生动体现着"北京地域文化具有强大的自我更新能力"①。

站在现代性的理论角度看京剧变革，京剧在很长的一段时间内受到西方现代性的影响。京剧传统的特性与电影现代的纪录性与表现力结合，使1905年中国第一部电影《定军山》的产生在现代性层面具有必然性，《西洋镜》（2000年）捕捉到这一点并将其延展成为一个追逐现代性的故事。京剧大师梅兰芳在用电影表现、传承京剧方面一直进行着尝试，他在1949年以前拍摄了许多戏曲电影，将他的经典曲目通过电影展现。因为他拥有雄厚的经济实力与海外成功演出的经历，且接触美国较早，因

---

① 赵伟.世界城市建设中的地域文化元素[J].北京规划建设，2011（1）：118.

而他第一个采用彩色胶片、钢丝录音进行电影创作。他在京剧传承与改革方面受到有留洋背景的齐如山等人带来的西方戏剧理论与审美的影响，将京剧提升为上层艺术形式，这种现代性追逐也被电影《梅兰芳》（2008）捕捉并展现。新中国成立后，京剧经历了深刻的革命现代戏改造，而改革开放后在经济发展造成的传统忽视与文化体制改革的市场化运营中变为小众艺术。政府在21世纪前后才重拾传统文化，意识到深厚的历史文化积淀是北京建设国际化都市的特色与优势，在"新北京、新奥运"的设计中"人文奥运"理念成为北京奥运的核心理念。1999年《兔儿爷》最后一场戏，旅游宣传片展现中外友人聚在一起唱京剧、看高跷表演、过春节的情景，可谓是文化领域的前奏。在《北京市国民经济和社会发展第十个五年计划建议》的基础上，政府于2004年在《北京城市总体规划（2004—2020年）》中明确的四个重点内容之一为历史文化名城保护规划，京剧作为中国优秀的传统文化代表，其传承与发扬随着改革开放进入攻坚阶段并不断深入，社会文化趋向多元，包容性强，京剧也在不断吸取新的时代表现方式。京剧发展加入了外力的协助，第一，来自政府的支持与宣传（从日常传媒支持到奥运会宣传）；第二，网络的逐渐普及使观众选择多样化，京剧获得了新的发展空间；第三，2000年以后在《英雄》（2001）等中国"大片"的宣传下外国人关注并喜爱中国文化的人数增多，2005年前后外国"汉语热"已然兴起，2007年开始的金融危机使西方遭遇了现代性危机，2008年北京奥运会的盛况更吸引了外国人的目光。外国人对中国传统文化的关注经过媒体传播引发了国人的思考，京剧回归到大部分国人的视线中，这部分说明西方的文化观念引领中国的情况在延续。因而，陈凯歌在2008年拍摄的《梅兰芳》对京剧的再次表现充满了21世纪面貌与精神追求，传统戏、现代人，影片升华宣扬了中国人的民族气节，展现出 21 世纪中国艺术对民族和国家的新认识和充分的文化自信。同为京剧题材，《霸王别姬》与 2008 年的《梅兰芳》差别何其大。

2010 年后，《大雪将至》中寡居老人大雪独自在家中看电视听京剧，而现实中京剧在全球化文化语境下持续变革，中国人的教育观念在经济基础厚实的情况下极大地转变，子女的素质教育从西方传统的钢琴、小提琴等乐器训练转到学习中国传统文化，电视媒介不遗余力地为小孩子表演京剧提供舞台和电视频道，京剧也与其他流行音乐充分融合，甚至达到许多戏迷不能接受的跨界程度。然而从京剧的流行文化性质而言，这种现象或许是获得新生的标志。可在电影中它出现的样貌还是传统的形式与听感，并且延续着老年群体的定位，京剧的现代性怀旧意味依然是电影人的情感诉求。

同属戏曲的单弦音乐也在电影创作中体现出与京剧同样的定位，印证着传统戏曲的电影命运。不过在《网络时代的爱情》（1998）一片中，创作者在 1993 年的回忆段落中将单弦音乐与老北京人关大爷的形象绑定，透露老北京人平和的心态并审视着外来定居年轻小两口的悲欢离合。关大爷象征着古老的北京，平静悠然地接受时代带来的悲欢离合：1993 年关大爷每天坐在胡同院门口的躺椅上唱单弦，用茶壶嘴喝茶，茶壶放在青石板地上，旁边放着鸟笼；外来青年毛毛辞掉令人窒息的"大锅饭"工作后心情不好，在家整理剧本、听英语，院子里传来关大爷哼单弦的声音与毛毛录音机里的英语形成对比，毛毛心里嫌弃关大爷哼单弦；毛毛与外遇丈夫分手离开四合院时，大爷在西屋唱单弦"绿柳时来，梨花放蕊"。关大爷的这种存在令 1998 年在国外的毛毛无限回味，她在网络上化名露西亚，请网友帮忙寻找单弦音乐。当滨子寻找到关大爷时他已去世，老年人聚集的活动场地上回荡着单弦插曲《秋景儿》，"秋色萋萋，衰草离离，一望河桥景物稀，斜阳涧下水流迟……"沧桑的唱腔渲染了影片平静、怀旧的情绪与氛围，令观众沉浸在唱腔中思考与回味。

　　戏曲音乐元素只在 80 年代初短暂的"京味电影"中和 2008 年创作的《梅兰芳》中传递过现代性追逐的气息。1982 年《骆驼祥子》中用大三弦琴与八角鼓组成轻快节奏，与祥子重新在虎妞处获得一辆新车的行驶权时兴冲冲奔跑拉车的动作节奏结合在一起，表达年轻的祥子为拥有一辆车而努力奋斗的精神；梅兰芳的表演与爷爷十三燕的表演形成新旧对比。除此之外，除单纯标志北京地域特色外，其他使用京剧作为情节、情绪等表现因素时，电影皆赋予其现代性怀旧的意义。结合京剧与单弦的境遇，可以说中国的传统艺术如若要在电影中改变形象，其自身文化变革恐怕还未达到新境界。

第四章

电影声音建构追求现代化的北京

在中国电影中，有两部历史性回望影片，它们的表现主体均不与时代同步，而是在改革开放时期展现民国时期的故事。但是其精神气质与立意追求却不是批判或怀旧，而是充满勃勃生气。改革开放不断深入引发电影创作者对历史及历史人物的"重读"与"重写"，展现出传统历史与人物追逐现代性的一面，中国人通过电影传递出对民族、国家的重新认同。《西洋镜》（2000）为纪念中国电影诞生 90 周年而创作，充满了中国电影现代性追逐的气息；《梅兰芳》（2008）则为讲述京剧大师梅兰芳的传记片，积极刻画经过现代性追逐提升艺术境界改变传统印象的传统戏曲，并传递出民族和国家的使命感。2000 年以后在历史性回望的影片中尚且如此鲜明展现北京的现代性追求，那么与时代同步影片中对其表达则更强烈。

回顾 1978 年以来的中国电影，80 年代以老北京为故事背景的影片大多进行反思与批判，现代性追求集中体现在与时代同步的北京题材电影中，《夕照街》（1983）、《盛夏和未婚夫》（1985）的改革者形象充满着理想主义的色彩，主流地建构着热情洋溢的新时期北京。1988 年《顽主》直白地唱出对北京变化的不适感，而从《父与子》（1986）开始用喜剧委婉地展现向南方改革现代性成果的追逐。在现代性追求的总体特征下，也彰显出北京现实改革对人造成的复杂影响。90 年代的北京故事从《本命年》（1989）讲起，原来人们已经在时代的洪流中彰显出后现代的无理性状态。现代性对北京的冲击在主人公眼中不亚于美国影片《肖申克的救赎》中老布在年老时被释放后对现实社会的恐惧体验。"第六代"初出茅庐，系统掌握电影艺术的表达技巧和西方艺术电影的精髓，追逐着电影现代性，但还未具"第四代"的深刻。他们对现实变迁感同身受、无处躲藏，少有机会通过主流渠道表达，因而青春记忆与怀旧，风格化的杂糅建构出一个曾经青春、理想而现实残酷的北京。而"第五代"转向北京，以粗粝的纪实风格直面现代性冲撞。总体上，90年代北京的现代性追逐少由电影展现。90年代末开始，贺岁片推开北京旅游文化事业的绚丽大门，也成功建构新一代北京人的声音形象，商业片范畴内，以北京老城区为主要表现对象的影片却越来越少，冯小刚的贺岁片一力撑起北京现代性追逐的梦想。2010年后，从《杜拉拉升职记》开始，北京绚丽升级为国际化都市。如果说《北京爱情故事》（2013）还对现实稍有挣扎与迷茫情绪，到2017年《六年六天》则对北京的建构充满绝对正能量。从电影声音的角度参与上述思考，本书选取交通类音响的声音和人声部分作为典型事例从细节一窥北京现代性追逐的历史。

第一节　现代向往：车流不息的老城

"汉斯·伽达默尔（Hans·GeorgGadamer）诠释学空间艺术理论指出，建筑艺术是空间艺术的典型代表，具有'再现'（representation）特征。建筑的'再现'特征具体落实到历史建筑上，指引出历史建筑的双重角色作用：历史建筑一方面记忆城市的历史文化，另一方面又在当下语境中构建自身的当代价值。"① 对建筑艺术的特征概括同样适用于电影艺术。电影艺术本身就是一门再现的艺术，克拉考尔认为，电影的本性是物质现实的复原，更立体、动态地再现创作者理解的生活。电影声音作为其中重要组成部分，具备符号化的象征功能和意义。电影声音是经过选择而展现的媒介，在素材选择过程中，凝聚了导演、录音师对北京的认识和记忆，在展现现代性追逐时，选择用现代音响声音呈现象征意义。

一、《骆驼祥子》与北平城市现代性

电影《骆驼祥子》（1982）开场即为祥子的车被败兵掠去，祥子牵

---

① 王姗姗，傅永军. 城市历史文化记忆的生成与当代价值构建———济南历史建筑的哲学诠释学解读 [J]. 民俗研究，2017（1）：135.

起骆驼卖掉，后从城门进北平。影片先安排他在城门内的城墙边摆摊的一排小贩处买衣服、剃头净面，城墙边充满了城市的热闹气息，有独轮车的吱嘎声，驴蹄踏地的声音，驴车夫甩鞭子的噼啪声，推头推子的声音，脆亮的中年女声叫卖大碗茶的声音："大碗儿茶啊！喝茶吗您？"这场戏人声鼎沸，与上一场祥子卖骆驼的宁静乡村形成鲜明的人文气息对比。祥子经过"城市改造"，又焕发出"体面"城里人的形象。完成这个人物外观的转换后，电影用 3 个镜头通过视听语言展现出祥子对北平的感情——镜头 1 为祥子站在街边看向街中间，镜头拍摄祥子中景，而画外音则由有轨电车的铜铃铛叮当声、独轮车的吱嘎声交错，街上的景象先由声音传递给观众，北平的城市景观由声音先行展现；镜头 2 为祥子的主观镜头中大街的牌楼与声景：有轨电车的铜铃铛叮当声和隆隆的"磨电"声，洋马车的马蹄哒哒声，独轮车的吱嘎声交错；镜头 3 为有轨电车的叮当声由远及近而剃头匠唤头的"锵——"声由入画至出画。面对这种景象，镜头 1 中祥子不由得摸着自己的光头思虑没有自家洋车的日子。这种视听语言的意义展现绝处逢生之感却夹杂着异常复杂的内心活动，能深刻地感受到创作者对老舍原著的理解，运用电影语言简洁明确地将祥子的内心外化（影片中并没有祥子与其他人交流对北平感受的对白信息）。原著中曾明确描述祥子的内心活动："看见了人马的忙乱，听见了复杂刺耳的声音，闻见了干臭的味道，踏上了细软污浊的灰土，祥子想爬下去吻一吻那个灰臭的地、可爱的地、生长洋钱的地！没有父母兄弟，没有本家亲戚，他的唯一的朋友是这座古城。这座城给了他一切，就是在这里饿着也比乡下可爱，这里有得看，有得听，到处是光色，到处是声音；自己只要卖力气，这里还有数不清的钱，吃不尽穿不完的万样好东西。在这里，要饭也能要到荤汤腊水的，乡下只有棒子面。"① 原著在这个场景之前通过几章内容铺垫过祥子的前史。他父母双亡并且乡下已无地，没有任何亲戚，进北平谋生本是无奈之举。当他到北平城里后，他通过精打细算和信念用三年时间攒钱买了一辆新车，享用了达到目标以后自给自足的人生巅峰状态。小说还刻画了他要强的性格，他欣赏自己的身体能力，精明且有自控力，勤快也憨厚，一心自食其力达到目标，不与其他车夫多交往的人物形象，而祥子也确实依靠自身能力拥有了自己的新车。并且，在虎妞与父亲处，他感受到关照。因而在北平完成幼年到成年过渡期的祥子心里，北平便是家，这里给予他机会与关照，他很知足。而电影并未对这些铺垫有任何展现，而是紧抓戏剧冲突直接表现祥子从巅峰下坠的时刻——车被军阀败兵掠夺，也同时展现故事的重要背景——战争给祥子原本充满阳光的人生带来的意外与宿命感。于是，小说中对人物前史的铺垫被电影简化为上述三个镜头，尤其是前门大街的车水马龙之声对祥子内心外化的作用异常明显，小说中的千言万语浓缩在这个镜头中，准确、简练地表达出老舍着力刻画的人与城市的关系。不过，电影中并未通过影像与声音展现原著中祥子欣喜的心情，只是客观展现北平的街景。结合祥子摸光头皱眉的表情，可以确认电影系统通过视听组接展现再次一无所有的祥子与北平繁华城市的关系。祥子需要重新开始，而人与城关系的铺陈则从这里开始通过具体情节阐述，最终，祥子蓬头垢面、衣衫褴褛地蜷缩着站在城门门洞内，镜头从平视转为俯视，表达创作者的思考：城未变，但人沉沦。

　　仅从声音层面来看，这三个镜头传递出北平的城市现代性冲撞极为明显，有轨电车的铛铛声与独轮车的吱嘎声以及剃头匠的响器声交相辉

---

① 老舍著，吴福辉选编.骆驼祥子 [M].海口：南海出版公司，2010：28—29.

映、此起彼伏，独轮车、剃头匠所代表的行商的零售方式依然占据主流，然而有轨电车的出现却强烈冲击着人力车夫行业，以它为代表的新的物质观念与消费模式以及生活模式皆发展迅速，齐大之称"北京的有些行业到 1926 年洋货的比例则大多已经高达 80%"[①]。

北京作为中国皇家都城，坐拥中国的权贵阶层，因而其中国传统商业文化从服务专业化角度来看已经非常成熟、完备，这种针对不同生活需求的精准服务和多层次服务结构展现出北平"消费社会"的特征。这种成熟消费社会的形态是元朝以来坊的规划和中国传统四合院民居特征奠定的。清朝入关以后规定八旗子弟必须守卫皇城不得外出，因而将城内汉民迁出，城墙内的区域全为享皇粮的旗人，没有劳作条件，有固定的收入，日常生活以消费为主，居住人群决定了其社会形态。清朝三百多年的历史，虽然政局和国民经济衰败，但总体上北平由于都城的性质而消费社会的形态未变，老舍的原著描写"到处是声音"的北平有着丰富的听觉层次与声景。市声（俗称叫卖）由人声与物声共同组成，为城市流动声景构成的重要元素。人声为吆喝声，吆喝声的设计由人群策略和地形差别决定。大宅门里太太、小姐的吆喝声讲究优雅；闹市讲究响亮；在胡同中吆喝要拖长音使声音覆盖至大宅门的三、四进院子范围；闹市则讲究短音简洁。物声为响器，每种行当都有其独特的音响声音形象，使人们耳熟能详。人声与物声配合使用以达到商业目的。这种服务形式直至 20 世纪 80 年代才逐渐消失。此起彼伏的市声与北平棋盘型的城市地理紧密相关并为外观端庄、朴素的胡同区域添加了人文色彩，城市、建筑与人交相辉映，老北京的韵味得以升华。改革开放后的北京题材影片中，《锅碗瓢盆交响曲》（1983）最后一次出现叫卖声（卖小金鱼）。老

---

① 齐大之. 论近代北京商业的特点 [J]. 商业文化，2014（27）：26.

北京的市声至今为人留恋，就是因为既具有实用性，又具有艺术性。

　　然而有轨电车的铛铛声"融入"了市声中，使用"融入"一词是因为在听感上它与独轮车的声音形成了对比，但也并未跳脱整体环境感受，因为铃铛仍属传统的响器范畴。老舍原著中祥子逃回北平是从西直门回城，进城后先吃老豆腐，然后去西安门虎妞家的车厂，人物行动没有从西安门再向南至前门。电影则在前门拍摄铛铛车与人力车混杂的街道为主观镜头的观察对象。这样选景是因为 20 世纪 80 年代北京西直门—新街口—西四的有轨电车路线已经消失，并且西四牌楼在民国时期已拆，80 年代的西四大街两侧商业面貌也没有老北京的气息，因而如拍摄有轨电车与牌楼皆备的画面只能选择仅存的前门路段，以强调北平的传统商业气息、现代化景象与消费社会的综合特征。有轨电车的出现，说明民国时北平已然具备现代化特征。20 世纪 80 年代，有轨电车已经是创作者对老北京的天然认识，使用有轨电车作为重要道具，说明艺术创作潜意识中体现出现代性向往。在新时期对人性的复归之路和开放之路上，这部电影仅以这个镜头就足以名垂史册。于是我们发现，80 年代初的电影人不仅以宏大叙事震撼着中外世界，这种隽永之作中也充满了知识分子对世界、对人的深度思考，实为令人惊艳。城市塑造了成年人祥子的形象，祥子信任依恋这座城，而这种依恋有一大部分来源于北平在民国时期的现代性面貌。在新时期初，创作者回望至民国，这种选择表明新时期初期知识分子急于"寻根"，试图通过这一过程重新构建自信，《城南旧事》（1983）、《茶馆》（1982）等电影与《骆驼祥子》（1982）不约而同地通过中国"第四代"电影人特有的细腻与家国情怀展现思虑。《城南旧事》（1983）中无忧无虑的英子用大眼睛看到了自身经验范畴外的社会现实——悲惨地爱上大学生的秀贞与处于社会底层的妞子以及为了弟弟上学而入室抢劫的年轻人，还有家里失去儿子却对主人家孩子倾注身心的旗人宋妈。导演借英子的眼睛以现代性的眼光关照着这个世界——北平正处在王朝交替、军阀混战、思想启蒙、经济低落的时代，贫富两极分化极为严重，有识之士内心存有希望但挫折极多。《茶馆》（1982）通过掌柜之口鞭挞民国社会的乱象，反思现实中刚刚过去的十年。"第四代"以历史的眼光以及对传统的回望，思考着民族的未来，展现出担当与责任，这本身也体现出创作者自身的现代性立场。在这一立场中，创作者们挑选了两部老舍的作品进行电影改编，这说明老舍的作品呈现出这样的特征：在民国时期接受西方教育之后，老舍面对半殖民地半封建社会的中国已进行过现代性思考，同时他的旗人身份使其充分了解中国传统以及传统与现代的碰撞。这使老舍的作品视角新颖，但又具有中国的特色，超越了同时代人对所处时代的认识，因而，这种超前意识具有永恒的魅力，即便在20世纪七八十年代，这种意识与风格也并未过时。

站在现代性的角度看老舍的作品，作为传统中国的代表和老舍熟悉的家乡，传统乡村与北平所代表的现代城市之间形成了鲜明对比。祥子向往北平的生活，而他强烈的人生目标——洋车，更是西方现代性在民国时期的代表物之一，北平与洋车两个形象的统一说明北平的现代化水平在民国时期是仅次于上海的，它虽然不为都城，但仍旧是北方人向往的现代性代表。人力车在中国俗称"洋车"，从日本传入中国，是日本明治维新以后早期现代工业发展的成果，其用料如车轮用橡胶、轴承，减震用金属弹簧等使日本得以出口这一产品至缺乏现代工业的中国。同时，这种人力车的出现与使用，体现出日本19世纪对外开放与经济起步所带来的阶层分化现象。被人服务不只是天皇与幕府等贵族的专利，具备经济实力的普通人也可享受他人的服务。孤儿祥子无技艺托身、无长辈引导，自然挑选依靠体力赚取收入的人力车行业。但祥子一直在抗争的是，他希望在中国传统的尊严和自食其力的基础上为他人服务，亦认为拥有一辆自己的车即可以拥有人生的掌控权。姚蜀平提出"现代人"应该具备的品质与价值观有十个方面，在祥子这个角色身上深刻体现出其中的两个方面："相信人只要去尝试，就可能有成就；讲究工作计划与组织，把它视为处理生活事务的方式。"① 并且他从心理和行为上产生了变化，"认为自己的祸福与生活为外在因素所控制的想法减弱，认为自己的祸福与生活大都为内在因素所控制的想法渐强"②，使其能够逐渐适应现代化社会。相信这也是新时期进行电影改编的基础，创作者用现代意识看到几十年前老舍的现代意识所塑造的现代人。然而，无论是小说还是电影，祥子的结局都是悲凉的。从现代性的角度看，北平毕竟只是实现了局部商业消费和基础服务的现代化，而没有彻底现代化，因而其被传统的力量深深地牵扯其中，经过部分改良的祥子在经过部分改良的北平氛围中，终究被没落的时代吞没。新时期电影在建构一个具有现代性元素的北平同时，着力渲染着这种现代性在复杂的时代面前的无力感。军阀混战中这种现代性其功用是极为有限的，人们在那个时代的主要体验还是中国悠长历史中周而复始的王朝更替之乱。《茶馆》（1982）深刻地揭露了民国时期貌似成立了新的政权，但其结构与运行特征皆未达到民主文明的"中华民国"。北京在那个时代并不是现代化的代表，它令所有深陷其中的人沉沦，这只是王朝更迭的一种重复而已，北京的现代化道路在军阀混战中、日军侵占与国共分立的对峙中在刚刚启蒙后便遭内外力的双重阻止，直到新中国成立后，才走向以工业化和革命现代性为追

---

① 姚蜀平. 现代化与文化的变迁 [M]. 西安：陕西科学技术出版社，1988：68.

② 姚蜀平. 现代化与文化的变迁 [M]. 西安：陕西科学技术出版社，1988：71.

求的现代化道路。

二、《城南旧事》与启蒙现代性

如果说《骆驼祥子》中有轨电车的"铛铛"声构建了祥子向往的北平繁华，那么《城南旧事》则通过蒸汽火车鸣笛声象征北平的启蒙现代性存在。火车鸣笛声在北平时期有现实依据，前门附近能听到蒸汽火车的声音，这种听觉经验在前门附近人群中具有听觉记忆，这是北京城的区域特征，是环境声的一部分：《长大成人》（1997）中展现了20世纪70年代北京的火车形态和声音；《本命年》（1989）中展现了80年代火车道旁的听觉存在；《泥鳅也是鱼》（2005）的开场直接展现绿皮货车的声音。自从建设高铁后，随着绿皮车逐渐退出，这种听觉记忆渐渐消失。《长大成人》（1997）虽然突出了铁道工人对胡同小孩的启蒙意义，也展现了启蒙者在操作火车头的场景，但在整体声音设计中，火车的声音并没有刻意突出其符号意义，只是再现真实声音而已。如前所说，该片声音设计在吉他配乐方面体现出现代性怀旧意味。相比而言《本命年》（1989）和《泥鳅也是鱼》（2005）用火车的声音作为现代化的代表，李慧泉居住地的底层环境的听觉表达也是映衬他出狱后"世上已千年"感受的表现因素之一。火车是现代化城市对农村劳动力吸引并实施运输的具体工具，它为千万乡土力量批量、快速进城提供工业基础。有的文学作品中甚至设计过边远地区的乡村姑娘爱上过路车司机的情节，因为在新中国成立后，铁路对边远地区来讲是唯一现代化的存在与代表。即便列车不驶向北京，但在人们心中，列车都是开往北京的，列车司机都是北京人，年轻女孩仅因为这种社会主义身份联想就会单纯地爱上列车司机。北京是新中国的首都更是现代化的标志，铁路的存在让住在铁路边的乡下人感受到乡村传统生活中的异质存在，而这足以构成吸引力，引发丰富的想象。

小说《城南旧事》中设定英子一家最开始住在前门与宣武门之间的椿树胡同，且秀贞与妞子见面的雨夜，秀贞要带妞子赶火车，小说行文中明确写道"静静的雨夜里传过来一声火车的汽笛声，尖得怕人"①。因而电影改编使用火车声从空间上具有合理性，也有人物心理依据。在英子的下意识中认为火车对秀贞和妞子意味着未知和恐惧，因而"尖得怕人"。电影《城南旧事》在此基础上对火车声进行了象征处理，它不仅仅出现在秀贞与妞子相遇的场景中。火车鸣笛声第一次出现在影片中是 16 分25 秒，英子家沉静的座钟走针的嘀嗒声中突然传来火车鸣笛声，可暂视为她家的环境声，也可视为展现时代的元素。随后母亲埋怨父亲总去惠安馆关心进步活动，又压下声音谈论秀贞男人被抓的事情，坐在一旁写字的英子看着桌上的玻璃罩灯，罩灯的特写画面外又一次传来火车鸣笛的声音，这次火车声的出现则不能视为环境声，而为心理声音的外化——在这种外化中，秀贞的男人、被抓的学生与火车鸣笛声同构，既传递英子内心的不安，又象征北平现代化进程中出现的思想启蒙运动——原小说中秀贞的男人是被惠安乡下的母亲生病传唤回去再未归来的穷小子与负心汉，而电影改编却加入了学生运动的主线，赋予秀贞男人进步学生的形象，这种人物设置体现电影改编对北平启蒙运动的有意植入。电影还在秀贞带着妞子在暴雨中奔走的场景中加入火车鸣笛声象征感召与希望。经过几次铺陈，原小说中仅表现内心感受的火车声音在电影中成为可以凸显的声音叙事元素，通过画外音的形式体现着时代、精神、人、

---

① 林海音著，沈继光摄 . 城南旧事 [M] 北京：中国青年出版社，2012：84.

城之间的关系。然而最终电影设置了秀贞和妞子的悲剧——被火车压死，这个结局通过卖报号外形式传播进躺在病床上的英子耳中。这种结局设置与上述《骆驼祥子》的结局设置有着相同的寓意，即努力与命运抗争的下层人虽然具备一些现代向往，但终究被吃人的传统社会所吞噬。新文化运动对城、社会与人都产生了启蒙影响，留下了历史印记，火车声参与其中与人群紧密相连，符号化特征明显。

三、《夕照街》与北京现代性向往

新时期拍摄的与时代同步的北京题材影片中，声音层面出现如下相似性创作手法：相差无几的汽车鸣笛声不仅在人民大会堂前长安街上出现[《残雪》（1980）]，还在某一单位楼下街边、街边的休闲地带出现[《苏醒》（1981）]，这些都无可厚非。但是在公认的表现北京众生相的影片《夕照街》（1983）中，胡同中部反复出现听感较近的小汽车鸣笛声，这个现象非常值得思考。如果只出现一两声可以理解，但是不同场次反复出现则表明这是创作者的有意选择。这与《网络时代的爱情》（1998）中院子里能偶然听到一声大汽车的喇叭声不同。1990年以后北京胡同拆迁现象普遍，城市道路建设急速发展，汽车数量增加飞快，路面拥堵严重，大型汽车白天在老城区还未限行，再加上大汽车喇叭声音较大，这使得其偶尔在距离胡同口较近的院内听到是合理的。可是，1983年的北京虽然是全国汽车最多的城市之一，但还不至于在胡同中部能清晰、频繁地听到小汽车的鸣笛声。按《夕照街》（1983）影片中的全景判断，该片作为主要场景的两个四合院处在胡同片区的中部，不存在哪一边紧邻二级道路或一级道路的情况，因而这种听觉元素的植入是不符合现实情况的。

在"万人嫌"带女儿小娜拎着礼物路过胡同口时与大联社小青年聊天的一场戏中，分明听到小全景镜头中同一条汽车鸣笛声被接在一起连续出现，甚至在之后的全景镜头中分明看到大街上没有一辆车驶过但仍然植入了鸣笛声。此外，汽车鸣笛声出现在两个四合院胡同场景的小全、中、近景镜头中以及胡同外新楼群和大街出现的全景或远景镜头中，而在胡同场景的大全景或俯拍全景中则用鸟鸣等环境素材，在四合院内主要使用鸽哨声，胡同中、近景镜头也会偶尔用到自行车铃声，从这种素材分配来看，其他声音的运用都具有充分的现实合理性，只有汽车鸣笛声在空间角度存在着错位。这种处理方法有着当年纯后期制作作品录音素材、环境下的听感单一化、简单化、粗糙化处理的无奈痕迹，但是创作者在全片也交叠使用了几条环境素材以增加听感的变化，因而可以判断创作者具备初步的环境声意识，这印证了汽车鸣笛声使用的刻意性。

与之同年拍摄的《候补队员》（1983）中展现了汽车鸣笛声的另一种运用情况：刘可子家住胡同杂院并不临街，而与他同校的根根住在高楼中（楼房是否临街画面没有表现，但在 20 世纪 80 年代新建高楼一般都会临街），楼房与杂院仅有一墙之隔。每天早晨，根根都会从楼上阳台用玩具枪放一个降落伞下来，提示刘可子一起上学。摄影机通常都是高角度拍根根全景，然后近景镜头跟拍降落伞下落，然后俯拍或平视刘可子站在院中。每当摄影机视角高于四合院而在楼房高度时，画外就会传来汽车鸣笛声作为背景，而视角在院子中时却没有这个声音，这种做法在片中出现两次，揭示了创作者将"汽车鸣笛声"与楼房联系在一起的心理。

汽车鸣笛声在 80 年代其使用频率和听觉距离都不会出现上述听觉特征。1972 年意大利导演安东尼奥尼拍摄的纪录片《中国》对北京声音环境记录是这样的：天安门广场前的长安街路面可以听到汽车声音相对较多，也有很多自行车映入眼帘，但是几乎没有自行车铃声。在宽敞的大街上，骑车人不会与行人有过多交集，北京人骑自行车的水平也不需要运用铃声警示其他骑车人，只有王府井大街这种人群密集、自行车与人流紧密交织的主要商业街上才会出现较为密集的自行车铃声。但这种商业街上几乎没有汽车，汽车鸣笛声很少。另外，在较为安静的胡同区域里，听不到汽车喇叭的声音（汽车保有量不是很多，主要大街干道才有，一般胡同不进汽车，内城胡同长度一般为 500 米至 700 米，胡同中部听不到大街上的车声），胡同里极为安静，大声说话的声音可以引发胡同墙壁间的反射形成一种特有回音。这部纪录片所真实反映的北京环境声现象结合 1990 年代初拍摄的《找乐》（1992）与《民警故事》（1994）两部电影的同期声展现，综合分析可以得知：从 70 年代至 90 年代初，除特殊情况、特殊位置，北京老城区人们使用汽车鸣笛声都不频繁。

除却技术实现方面的缺陷因素，《夕照街》（1983）与《候补队员》（1983）中 80 年代创作者对汽车鸣笛声的运用并不符合现实，其人文选择代表着创作者的内在意识倾向，即改革开放之初，人们在很长一段时间处于欢欣雀跃、如释重负的状态下，于是像《瞧这一家子》（1979）、《夕照街》（1983）、《盛夏的未婚夫》这种理想主义色彩浓厚的现实主义题材影片出现了。现在看来，当年那些影片的总体状态和面貌甚至是过于夸张的，然而这种表现风格符合当时大众的精神状态。在欢欣的同时，人们热烈地拥抱未来，随着改革大潮努力向前迈进，社会主义现代化建设进入新高潮。汽车尤其作为工业社会的主要消费品和象征物，在 20 世纪 80 年代对大多数百姓来说仍是稀有物品，是先进、贵重、地位、繁华的象征。因而，影片中看似不符合现实的汽车鸣笛声是对时代愿景的捕捉和美好愿望，是对现代化的向往。"城市记忆符号既具有象征意义和价值，又有承载作用，城市记忆符号可以分为有形的视角符号和隐形的文化符号。这二者之间是相辅相成的，视角符号可以承载城市的形象记忆，象征城市的气质和形象，而文化符号作为隐形的符号可以传承一座城市的历史和风情。"①电影声音在对北京城市进行再现的同时承载着视角符号和文化符号的双重意义。汽车鸣笛声音从 1978 年以来在纯后期制作影片中作为地面区域环境声反复出现，也在具有同期声的影片中作为音响素材添加，这种对北京现代化环境的建构现象中蕴含的文化意味帮助我们深刻体会 80 年代人们的思想与生活追求。

汽车于清末传入中国，其使用率在民国时期相对较高，有专门的租车行提供租车业务，是权贵富商、政府公干等人士的出行象征。20 世纪90 年代小汽车开始在普通人群中兴起，2010 年左右私家汽车普及。随着国内汽车制造业繁荣、汽车档次多样化、汽车成本降低、城市日益扩大、交通拥堵和空气污染等问题日益严重导致政府"摇号"措施实行，私家小汽车在北京平民中的普及率反而增加，这也意味着北京的交通工具和出行模式在某种程度上与发达国家看齐。与此同时，道路拥堵、鸣笛声日益成为北京城市常态，《民警故事》（1994）第一场戏二环路的镜头中，即便距离甚远，但环路上的汽车鸣笛声依然清晰且密集。2010 年电影《无人驾驶》使用三种不同的私家车空间展现三个家庭在国际化北京中的遭遇与悲欢离合，其中有一场戏表现受到传销组织欺骗的王琨在发现被骗后开车追逐骗子，追逐过程中通过特写镜头强调王琨在车内紧密鸣笛的声音，表达人物内心的惶恐与焦虑。

---

① 宋晓敏.城市现代化视角中的城市记忆符号——以唐山市工业文化为例 [J].城市发展研究，2018（3）：c11.

　　短短40年间，汽车鸣笛声的运用经历了从现代性追逐符号变为展现都市焦虑的符号，这种急剧落差背后所蕴含的北京现代化变革速度令人瞠目结舌。然而，城市文化观念随着政策调整和经济改革升级调整产生了进一步变化。2003年以后在科学发展观的可持续发展政策引导下，新北京的现代性追逐体现出理性的、可持续发展的规划。2008年北京奥运会成功举办后，北京追逐着建设国际化都市的目标。2010年北京产业升级，在全球化的背景下资本模式与消费形态都发生了本质性变化，北京的现代性追逐在电影声音文化表达层面于2015年电影业态热点现象出现时进入了新阶段——室内声音干净无杂音，微信的对话框与其特有的标志性声音不断出现在中国电影中，形成了新型的视听语言，电影文化反映与利用社会流行文化，从而在艺术作品中建构出一个时尚、亮丽、技术普及速度飞快的北京。2015年后的电影在后现代文化影响和资本对消费主义的美化中建构了一个室内场景居多、人文声音更多的电影北京，现实中的嘈杂被技术性隐去，或用音乐展现，或表现室外空间时场景调整到城内风景优美的地区或郊区展现自然环境。

　　随着内城胡同拆迁、道路拓宽、商业区兴建、车辆密集程度越来越高，当90年代以后的电影可以强调汽车鸣笛声时，就从一个角度表明在更大范围内，绝大部分北京已经没有安静的人文声音环境了。现代交通声音使人避无可避，"城市病"①问题突出，改革开放使北京老城区彻底失去田园般的城市景象，沦入工业化城市、现代化城市所共有的听觉感受中。如需寻找民国时期的北京声音感觉，只能虚构，于是出现了姜

---

　　①　"城市病的典型特征是：众多的人口拥挤在空间有限的城市，住房紧张、交通拥挤、就业压力增加；由于人口和经济社会活动的集中，特别是汽车等交通工具的增加，环境污染严重；社会分化加剧，贫富悬殊加大，在一些地方形成'贫民区'，甚至出现社会治安的严重恶化。"引自：孙立平. 断裂：20世纪90年代以来的中国社会 [M]. 北京：社会科学文献出版社，2007：82.

文的《邪不压正》(2018)。然而由于创作者对北京的声音记忆还原不够重视，因此《邪不压正》固然在视觉上气势恢宏，但还原北平声音时素材有限、听感单一、枯燥，该片确如人物动作和视觉内容所追求的整体"飘"在胡同上空；早年拍摄的年代戏《新街口》(2006)、《蛋炒饭》(2010)则空有一些外在形式的近似，实则在听觉上没有严谨的真实感了。

第二节 形象建构：北京特色普通话

一、北京语言现代性建构典型案例

电影文化对观影人的影响巨大，20 世纪 80 年代初，电影《夕照街》（1982）即通过经典人物"二子"的对白"拜拜吧您呐（音内）"将一种新的语言表达方式推向全国，这种新的表达方式在汉语系统中具有独创性，即英语主语与北京话口头禅的结合，通过一种流行与传统词语皆备的方式，而用语音、语法传统亲切的综合系统表达幽默。刘一达曾专门对"您呐"的使用做过分析，认为"'您'字在生活中的功用一为第二人称的敬辞，二为敬语，带有礼貌、客气、尊敬的意思，还含有几份崇拜与敬畏"①。老北京经典问候语："吃了么您呐"这种语音、语法形式充满热情、亲近、尊敬的感觉；"拜"则为英语 Bye 的译音，是改革开放后出现的一种中英语码转换现象，谓"再会"，属于礼貌用语，Bye 为英语正式语 Goodbye 的简化形式，通常表达短时间内再见之意，更日常化。而 Bye-Bye 两个动词叠加使得语言更显生动、活泼、可爱，带来了节奏丰富性与语感魅力。陈佩斯的这一表演语言现象背后的成因复杂，一为

---

① 刘一达 . 北京"说话"老规矩 [J]. 月读，2015（11）：1.

电影拍摄时陈佩斯初出茅庐，在《瞧这一家子》（1979）中开始向父亲学习喜剧表演，《夕照街》（1982）是他参演的第二部电影，虽然《夕照街》（1982）是一部理想主义的现实题材正剧，但喜剧是他正在践行的表演风格，因而他将喜剧表演融入这个配角塑造中；二为陈佩斯创造这一语言表达方式体现出其"追新求异的心理"①，作为一名年轻演员，将生活中的社会心理融入表演中；三为他饰演的"二子"为这部群戏电影中的配角，需要在有限的戏量中进行表演开拓与寻找人物塑造空间；四为陈佩斯在创造这个词语时受到改革开放的影响，当时人们羡慕西方文化从而热衷学习西方的语言，全社会掀起了学习外语的热潮，如电影《盛夏的未婚夫》（1982）中便直接将学外语与掌握知识等同看待。"二子"这个角色本身不爱学习但也受到邻居影响，现实中陈佩斯同样受到西方影响，因而角色塑造过程中会考虑这种影响。事实证明，他的表演获得了观众的认可，为整部影片增加了恰到好处又轻松、幽默的气氛，还符合观众熟悉的时代氛围，"二子"与居委会大妈的贫嘴凸显了新时期思想解放中"领导"与"被领导"关系在轻松、幽默中的解构，同时也不失北京话委婉却深刻的风格，达到拒绝"权威"的效用却又不彻底得罪"权威"，北京人的处事风格与新时期青年的时代风貌统一在"二子"这一形象中。

这一语言现象迅速通过电影这种大众媒介传播到全国各地，大众传媒深刻影响了社会语言的发展，一句个人为电影人物塑造而创造的话语，符合改革开放以后大众文化的需求，在"从众心理"与"模仿心理"的影响下，最终在社会中造成了广泛的语言变异现象，人们"以电影中的对白来丰富自己的口头语言和幽默感，又或者是要表达一种个性和意

---

① 肖显宝认为"这一心理导致新词的大量出现"成为流行语。引自：肖显宝.语言变异的社会心理成因探微[J].长春理工大学学报（社会科学版），2006（9）：96.

象"①。直到如今，在百度网站搜索引擎搜索"拜拜了您呐"这句话，依然可以看到大量的文章、视频对其广泛使用的现象，且不仅与北京关联，如"拜拜了您呐！鼓浪屿！""拜拜了您呐！代购！"等，使用范围和领域很广泛。这说明，在近40年的时间里，这句话已经变为人们日常生活用语的一部分。

在"二子"的形象深入人心后，陈佩斯在自己的喜剧创作中皆贯彻"二子"的形象与风格。从春节联欢晚会电视小品《吃面条》开始，他深入实践这一形象的表演模式，通过多部影视作品达到"神形合一"的境界，使自己的表演创作达到巅峰。王轶之对陈佩斯喜剧语言创作风格的评价是："陈佩斯没有用方言这种中国喜剧演员常用的表达效果的方式，而是用大量生活化的语言和语言表情的强烈反差造就喜剧效果。"②然而该作者并不清楚，虽然陈佩斯在喜剧电影中用到北京的土话并不多，但带儿化音的普通话依然是他憨憨傻傻"在对语义的曲解中产生喜剧效果"③的根本，北京方言对人物喜感塑造起到很重要的作用。陈佩斯在喜剧电影中所塑造的"二子"，风风火火、玩玩闹闹、充满了朝气，"奔放中显潇洒、热情中露'笨拙'，'傻帽'傻得可爱、傻得甜，"④在自嘲中透露憨厚朴实的内涵。这一形象在电影传播的基础上，再一次通过电视媒介传播加大受众范围。而现实中陈佩斯真实的语声并不尖锐，也不拿腔拿调，其语音是中低频为主的，态度是沉稳的，说话文质彬彬，与"二子"形象相差甚远，这说明陈佩斯刻意为了喜剧效果而建构了自己的银

---

① 愚人.脍炙人口的 N 句电影流行语 [J]. 甲壳虫 .2008（Z1）：62.

② 王轶之.平凡中的幽默——浅析陈佩斯喜剧语言的创作风格 [J]. 电影文学，2007（24）：58.

③ 朱晓蕊.陈佩斯喜剧创作研究 [D]. 陕西：西北大学，2017：38.

④ 李家珉.葛优还要加把劲 [J]. 当代电视，1995（1）：32.

幕声音形象。通过明星的声音形象建构和影视媒介的传播，这句流行语深入人们的日常用语中，早已分不清电影与现实的差别，最终成为改革开放初期北京语言现代性建构的典型案例。

二、北京人的电影声音形象转换

陈佩斯于20世纪90年代末退出电影事业，转战更有现场感的话剧领域。而葛优自1987年《顽主》以来一直延续的个人形象通过中国电影市场化的标志性贺岁片《甲方乙方》（1997）成为全国人民眼中新任北京人形象的代表。葛优个人的声音形象与银幕声音形象几无差别，声音为中频男声，但语调低、语速慢，语气以平静柔和为主，喊嚷时发音位置靠后且音量似有天然压限效果，因而声音也无尖锐之感，表演风格"不温不火、不紧不松、异常冷峻，文章做在面部表情和语言功夫上。北京的民风民俗，俚语土话都是葛优式幽默的材料"①。这种语音、语感与喜剧幽默方式的结合所形成的声音形象逐渐得到全国观众的接受，在《甲方乙方》（1997）时定型并广泛传播。

从陈佩斯到葛优的电影人物声音形象转换现象背后有一些原因：

一为北京人与北京社会在历史上就极具包容性，这才使得这座城和这里的人民千年来绵延生存并且在700多年来保持着全国政治、文化中心的地位。这种包容性体现在北京人的语音方面："林焘认为现代的北京话保留的古音成分少，语音结构简单，也可以说是发展变化最迅速的汉语方言。"② "在汉语七大方言中，北京话是各个方言中声调数目相对较

---

① 李家珉. 葛优还要加把劲 [J]. 当代电视，1995（1）：32.

② 韩玉华. 普通话语音研究百年 [J]. 语言战略研究，2016（4）：39.

少、语音系统较简单的方言。这一选择反映了北京文化的特征。在一种语言进入另一种语言时，要想被该语言系统接纳，就得'入乡随俗'，所以'俗'越少，就越容易吸收其他语言成分。这也就意味着该语言的包容性和开放性越强。北京文化极具开放性与包容性，在此基础上孕育出的北京话，自然也就沿袭了这样的特性，那就是在历史更迭中所形成的开放性与宽容性。北京文化的包容与开放使北京语音摒弃了形式与数量上的复杂与繁多，形成了简约而极具开放性的特征，又颇富'闲懒、悠然'特色的语音系统。"①冯小刚的"贺岁电影"通过北京本地土生土长的演员葛优将这种语音系统的魅力发挥得恰到好处，迎合了 90 年代开始盛行的大众文化消费心理。"葛优在'杨重'［电影《顽主》（1988）主要角色之一］这个角色的创作当中逐渐形成了自己的语言风格，观众对葛优的表演也形成了固定的欣赏模式，而葛优的这种语言风格和观众的欣赏模式又在冯小刚的贺岁喜剧当中焕发光彩。《顽主》（1988）之后，葛优所饰演的人物角色依旧金句频出，这些让人津津乐道的金句搭配葛优慵懒、闲适、不急不缓的念白方式和嗓音特点，再加上他看似正经的深沉表情，共同传递出一种特殊韵味。"②

二为 20 世纪 90 年代后期随着经济发展速度加快，人们生活节奏提升，"70 后"普遍开始感受到生活的压力，现实中城市噪声开始聚拢在北京的所有空间中，北京的地域特色在电影中隐去，对北京的现代性思考出现在"城市电影"中，更多的中国人在快速飞驰的社会中需要"调侃式"的自嘲与他嘲以获得心理安慰。而陈佩斯多年来塑造的急急吼吼、

---

① 田鑫.北京话中的文化因素分析[J].广播电视大学学报（哲学社会科学版），2014（2）：54—55.

② 赵恒.严肃绅士喜剧——葛优表演艺术研究[D].重庆：重庆大学，2016：27—28.

较为尖锐高亢的语音特点在嘈杂的社会中不能使人身心放松，仅凭北京普通话儿化音的"宽厚、朴实"不能得到更多的集体认同。而葛优的声音条件与表演风格却正逢其时。

三为葛优所饰演角色的幽默方式深受王朔所代表的北京语言特征的影响。王朔为新中国大院文化中成长的新北京人，其语言风格与老北京截然不同，其用词用语深受新中国语汇和"文革"流行语汇的影响，且用调侃等方式瓦解权威，被称为"语言的狂欢"。尽管他自认为受到的北京民俗影响不大，"我借助最多的是城市流行语，老北京的方言我不太懂。"① 但有学者统计过，王朔的长篇小说《看上去很美》中，儿化有560 处。可见他在写作的过程中，有意无意地呈现了北京话的一些显著特征。② 他开创了一种新的北京话语体系，展现出北京文化"俗"的一面，而与老舍为代表的传统老北京语言的"雅"形成对比，于是 80 年代中期在文坛掀起新的"京味儿文学"浪潮，其很多作品被电影界和电视界翻拍，从而获得大范围传播，深刻地影响了全国观众对北京话的认识。《顽主》（1988）就是导演冯小刚和演员葛优在自己的创作生涯中绕不开的起点，该片编剧即王朔。如果将葛优的语音和对白风格与《找乐》（1992）的演员黄宗洛和《剃头匠》（2006）的演员靖奎对比，就可以听出葛优的语言可以被定义为新一代"北京普通话"——以带北京儿化音的普通话为基础，夹杂一些北京的民风民俗和俚语土话以及城市流行语，亦庄亦谐。他饰演的北京男性角色表面故作深沉、幽默风趣，实则胆小怕事，关键时刻彰显首都市民的眼界与能力［《大腕》（2001）中泰勒对尤优的

---

①　邬腾.老舍和王朔小说创作异同论 [D].上海：上海外国语大学，2018：29.

②　邬腾.老舍和王朔小说创作异同论 [D].上海：上海外国语大学，2018：28.

评价："他有无穷无尽的想象力，而且还有自己的原则。"①]，夹杂着北京传统的朴实与油滑，谨慎谦虚地面对复杂多变的社会。"'顽主'们身上所展示出的这些新的生活方式，与其说和过往的北京市民生活格格不入，不如说是对北京城中市民生活的全新补充。"②

四为陈佩斯的喜剧表演方式较为依赖电影的视听语言配合，不符合中国大部分观众"文明戏"的欣赏传统，而冯小刚在电影市场化改革中抓住大众文化的脉搏，找到中国人传统"文明戏"的观影习惯与语言接受能力，市场定位精准，以对白为主要叙事方式和喜剧点，在大众文化和消费文化盛行的 90 年代顺利崛起。

五为冯小刚的电影不刻意凸显北京老城的地域特色，建构了一个文化北京，这种建构需要葛优的声音特点。在冯小刚的"贺岁电影"中以北京老城区为主要人物根基的电影只有《甲方乙方》（1997）、《没完没了》（1999）和《大腕》（2001），在《甲方乙方》（1997）中老城区的呈现比例很少，只有公司内景和部分外景，几个北京青年创业者的活动轨迹遍布全城甚至延伸至外地农村，为人圆梦的场景更是虚构的；《没完没了》（1999）中阮大伟和韩冬的家都在老城区，但是从事旅游行业的他们也是满城飞驰，且阮大伟和韩冬的胡同家中皆没有家人与亲戚关系；《大腕》（2001）中尤优家住在胡同中的一个仓库里，泰勒葬礼的主要地点故宫处于皇城内并且其庄严性和历史严肃性在电影中一再被消解。这三部影片对北京地域物质民俗的刻画都浮于表面，没有扎根深入生活，更像是为主人公说"北京普通话"营造一种环境和氛围，旅游宣传式的北京城市展示更易被全国观众接受。

---

① 电影《大腕》中的对白。

② 邹腾. 老舍和王朔小说创作异同论 [D]. 上海：上海外国语大学，2018：11.

　　六为 90 年代电影体制改革使电影发行放映模式从拷贝、统购、统销的模式改革为分票房模式，大民营电影企业走出了从拍摄至宣发的道路，颇有垄断之势。1997 年陈佩斯的电影《好汉三条半》与《甲方乙方》同时上映，陈佩斯在访谈中坦言："当时《好汉三条半》的票房每日在 20 万元左右，但 5 天之后，影片被全线撤出，只能在郊区院线看到，'而《甲方乙方》却能从圣诞前一直演到春节前，因为出品方、发行方都是他们自己。'由此他不再投身电影制作。"①

　　因而，"葛优＋冯小刚式"的"北京普通话"成为电影"新北京"的特色，这种特色深深植根于老北京的语言文化传统，受社会主义语言文化系统影响也非常深，有中国特色，适合成为首都北京向全国输出主流文化的代表。全国人民都在模仿葛优的腔调说着葛优式的金句，形成了新的电影文化传播现象，有中国特色的北京声音形象深入人心。

三、近现代北京地域特色语言向普通话转向

　　其实陈佩斯与葛优成功的电影声音形象建构根本要归因于北京话的历史变革，他们的声音塑造工具——北京普通话其形成有着悠久的历史。北京自古便为人群交汇之地，从民俗学的角度来看，其语言民俗的变迁源远流长，且时变时新，这都使北京话通俗、易学又富于情感和节奏，整体听觉悦耳。

　　"北京话是一种主要分布在北京城区及郊区的汉语方言，属于七大方言之一——北方方言的次方言。它主要分布于北京市和河北省承德

---

① 陈佩斯：《走到今天，是我不幸中的有幸》，https://ent.qq.com/original/bigstar/f119.html，2015 年 7 月 20 日。

市、廊坊市、涿州市以及内蒙古赤峰市等地区，三声四调，古入声派入平、上、去且相对均匀。"① "北京方言源于唐代的'幽州语'，后在契丹语、女真语的影响下形成'幽燕语'。蒙古人入主北京后形成了'大都话'。明代元以后，来自各地移民的家乡话与'大都话'融合，形成流行于北京城区和近郊区的明代北京话。清初，由于清廷迁汉民于内城之外的政策，导致了北京内、外城的语言差别。在内城，入关以后的"汉八旗'所讲的'沈阳语'成了汉语的主体语言。几十年以后，京城的满人也大多学会了这种辽东沈阳腔的语言。内城的沈阳腔'汉八旗'语言吸收了满语以及原驻老北京的语言成分，形成了有别于'沈阳话'和外城语言的内城'北京话'。清初北京外城的"北京话'，实际上源于明代的北京话，也就是现在被称为"北京土语'的语言。伴随着北京内城汉人居住权的开禁、晚清及民国时代"旗人'特权的减少和消失，大批"旗人'开始流落外城，内外城'北京话'也开始混合，并在相互影响下发生变化；但内外城的语言，特别是在语音方面，依旧有明显的差别。这种差别，一直延续到新中国成立以后。"② "北京话尖团音不分，儿化音多，还有一些独有词汇。北京话中有着丰富的方言词，存在的吞音现象，有时被社会上层贬斥为'市井气'和'侉气'。北京话语速、音域都比普通话更高。"③

民国时期开展"国语运动"，其中国语的定音问题最为重要。"北京音"最终受到肯定，韩玉华研究总结："北京音亦称'北京官话'，最早

① 曹然.论北京方言的形成、特点和保护 [J].泰州职业技术学院学报，2018（2）：45.

② 段柄仁主编.北京胡同志（下）[M].北京：北京出版社，2007：931.

③ 曹然.论北京方言的形成、特点和保护 [J].泰州职业技术学院学报，2018（2）：47.

可以追溯到洛阳雅音，在演化形成过程中受到来自各种历史事件带来的人员迁徙流动的影响。明朝明成祖建都北京，从南京北调 40 万人口，北京音在相当程度上受到了南京音的影响，以至于北京地区的读书人长期使用南京音作为标准音。19 世纪末，由于清政府长期大力推行北京官话，尽管在读书人群中南京官话还有相当的影响力，以北京官话为代表的北方官话在全国人口中的影响力已经大大超过南京官话。1912 年 7 月，国民政府肯定了'国语'这个名称，决定在全国范围内推行'国语'，主要致力于'读音统一'。1932 年，教育部正式确立了北京音系的权威地位。"①同时，受到清末以来半殖民地半封建的社会形态中外来语言影响，在现代化的影响与对西方文化的追逐中，国语自觉吸收了英语、日语、洋泾浜英语（英语的中国化改造）等语言的影响。不过需要注意的是，国民政府"国语运动"的普及范围是有限的，大城市高层人群和知识分子中的普及度较高，但大城市外的人群并未受到强烈影响，各地方言依旧保持着区域特色。

中华人民共和国成立后，"1955 年最终决定将汉民族共同语定名为普通话，普通话以北京语音为标准音。通过对语音进行规范来剔除北京土音，以北京具有一定教育程度的人在比较正式的场合说的话为标准音。这种标准音参照的基础人群随着时代发展还经历了'北京城区话、北京市西城区话'到'一级甲等人群'的变化。"②新中国政府不遗余力进行普通话的教学与推广，普通话的普及率连年增长，普及范围基本覆盖了全国各省、市及大部分农村。在北京，普通话的普及率与使用率都最高。

民国时期开始，电影是最早开展"国语运动"的领域之一，也是受

---

① 韩玉华．普通话语音研究百年 [J]．语言战略研究，2016（4）：33—34.

② 韩玉华．普通话语音研究百年 [J]．语言战略研究，2016（4）：34—39.

影响范围较大的领域。许多默片明星的衰落与有声电影相关更与"国语运动"相关，例如阮玲玉的衰落与她不会讲国语紧密相关，而胡蝶、黎莉莉等演员由于其在北京的生活经历而成功转型为有声电影明星。有声电影时期，电影界经历国语运动的成果从《假凤虚凰》（1947）因为使用苏北方言受到理发师行业抵制一事即可证明，这反映出观众对国语这种读音统一的语言标准产生了文化认同。新中国成立后普通话绝对成为社会主义电影的标准，不过在一些纪录片和故事片中，依然还能听到老北京话的余韵，最为典型的例子就是《小铃铛》（1960）与《小铃铛》续集（1986）中小铃铛的语音，以及《夕照街》（1982）的旁白。电影中的方言现象直至90年代才复又出现遍地开花的局面。据金丹元、徐文明分析，"'方言化'现象获得时代文化氛围的支持，2000年获得政策方面的合法身份，还得到纪实美学风格和电影表演多元化的促动，也得益于电影创作的地域文化转向与创作者的主体性选择。大众娱乐文化的兴起、对奇观化和娱乐化的追求也对其产生推波助澜的作用。"[1]虽然方言在许多电影中起到了积极的作用，但是使用方言的电影大都是艺术电影，商业成就并不明显与突出。这其中，只有冯小刚的"贺岁电影"系列运用北京普通话获得了大部分观众的认可，在十几年内成为大众喜爱与期盼的电影类型，即便到了2013年依然可以凭借1997年《甲方乙方》的故事形式和"为人民服务的"精神实质外加葛优的表演使《私人定制》成为内地贺岁档票房冠军。诚然，冯小刚"贺岁电影"的成功原因有许多，但"北京话"为其带来的深层次的民俗魅力是不容忽视的，"北京话"是这个类型电影塑造的声音核心。

---

① 金丹元，徐文明.1990年代以来中国电影"方言化现象"解析[J].戏剧艺术，2008（4）：104—106.

四、方言普通话现象与北京现代性向往

在电影《我想有个家》（1992）中有一个小细节：九子打工饭馆的送菜小伙来自外地，家乡口音比较浓郁，骑板车的他在北京打工过程中说话使用儿化音，这与他主要交流的对象——饭馆老板是侯耀华扮演的北京人有关。他的语音与刚来北京的九子比，其"北京味"更浓一些。这种人物声音形象的细腻设计充分凸显创作者对 20 世纪 90 年代初北京外来人与北京本地人的思考，展现外地人对北京话、北京腔的模仿与学习现象。通过北京腔的熟练与神似程度大致可以判断该人在北京生活时间的长短。并且这种语音学习融入现象最普遍出现在与北京人接触范围最广泛、频率最高的第三产业。第三产业工作技术含量较低，但需要通过人际关系达成工作目的，这类工作对语言要求颇高。数据显示，1997 年，北京第三产业人群数量已经是第一产业和第二产业之和，占总数量的

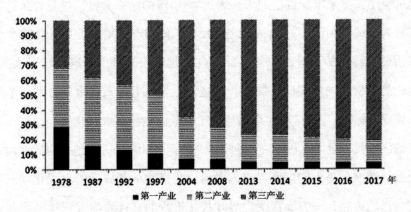

1978 年至 2017 年北京市三种产业从业人员构成 ①

---

①　北京市统计局：《改革开放 40 年北京经济社会发展成就系列报告之七经济规模扩大发展质量提高——改革开放 40 年北京服务业发展回顾》，http://www.bjstats.gov.cn/zxfb/201810/t20181031_409855.html，2018 年 10 月 31 日。

50%，改革开放后，北京逐步进行产业调整，逐渐改变了工业化城市的现代性追逐，重归消费社会形态，第三产业在北京蓬勃发展，北京人口流动频率和量级年年创新高。

改革开放后葛优和陈佩斯塑造北京人声音形象时，并不是以北京传统地域语音特色和用词特色为主的，他们以普通话为主，带有北京话的语调以及语音"儿化"现象。"儿化"是最容易短时间模仿并诉诸实践的语音外在形式。在几十年的普通话推广进程中，至少从"80后"始，北京本地年轻人在学校的普通话环境中逐渐减少老北京话的使用率，这主要由于学校同学间的老北京语言环境缺失，间接反映出90年代以来外来人口的增长。这种现象在老城以外的区域更加明显。在北京人逐渐适应社会转变而掩盖传统语音语调的同时，王玲调查研究得到这样的结论："很多外地人很认同儿化，而且这种认同率甚至高于北京本地人。这群移民对儿化的使用率也较高，生活中常用儿化的比率也较高。外来移民还通过使用儿化来增加自己的'京味儿'，访谈的结果验证，这是外来移民有意为之的，为了更好地融入北京社会，他们有意增加使用儿化这个北京话最有特色的语音，向外界彰显自己北京人的身份。这一状况表明，儿化的身份认同功能已经加强和凸显，逐步成为融入北京社会的一个重要体现和标志。"[1]首都北京无与伦比的政治、经济、文化中心地位以及资源优势吸引全国人民学习与向往，"北京人"的身份超越了地域性而强调首都性质，是人们梦寐以求的身份。北京改革开放后的现代化发展走着自己的道路，一方面深受世界现代化进程的直接影响并积极学习与融入，一方面首都的中国身份特殊性使得北京的发展与上海、广州等城市不同，并不以地区特色优势为发展基础，而需体现中国现代化发展的代

---

① 王玲.身份认同与儿化使用[J].暨南学报（哲学社会科学版），2014（3）：120.

表这一形象，北京的现代化道路是中国人"摸着石头过河"走出的，没有套用任何一个国家的现代化模板。同时，北京悠长的历史与深厚的传统积淀不会轻易被隔断，传统的生命力仍旧凭借基因优势和观念延续在每个人的血脉中。从民俗学角度看，这种"基因"是由北京的地理位置、自然环境、地形地貌、水土涵养等天然决定的。北京历来为民族融合之地，但几千年来的融合使民俗基因依然强劲并且融合性极强，例如常年居住北京的南方人多年后性格中也会多少有些豪爽的气息，这是因为他们在融入本地生活时潜移默化接受很多了北京的民俗习惯，从模仿儿化音到自然感觉，这种说话方式爽快、舒服。人们在北京的四季分明中感受人生的限定性与规律性，更多体验自然与人的关系，这使人生观念发生转变。人们在北京的大城气象中自然感觉到心胸开阔，在北京的政治特质中感受到集体感与包容性。提出"首善之区"即为追逐现代性的表征，但强调的是中国特色的现代性。从这三方面来看，儿化的模仿现象体现出北京现代性的向往，北京自身现代性吸引着外地人，外地人的融入又进一步推动中国特色的北京现代化进程，形成更具魔力的现代性。

　　在这种总体趋势下，2000 年以后北京题材的电影中出现了另外一种现象：很多非京籍演员在北京题材电影中担当起饰演北京人的角色。其中香港人黎明（2008 年《梅兰芳》）、吉林籍刘烨（2011 年《不再让你孤单》）、黑龙江籍韩庚（2015 年《万物生长》）、台湾人李立群（2017 年《麻烦家族》）等对人物的饰演都有一定的可取性。创作者选取四位演员饰演北京人皆求神似，而不是语音方面的绝对"形似"。以黎明为例，陈凯歌导演在采访中曾提到选择黎明是因为他沉静的气质。这种气质的养成有外力影响，主要体现在其父为印尼华侨，由于归国后北京的政治气氛而受到牵连，使黎明在胡同生活中受到伙伴排挤，因此孤独内向、心思细腻。深入探究还是因为他在北京胡同居住多年民俗基因有遗留，因而具备了沉静的气质与语态，这种由气质与语言部分组成的综合形象与民国时期北京文人有相似性。事实上，真正的老北京知识分子以上阶层的人群其语言特征并没有很多"儿化"现象，满汉皆如此，这种语言特征参照溥仪的录音与老舍的录音即可获知，他们说话慢声细气、斟字酌句、儿化不多，极具文人气息。黎明的父母皆为大学生，是知识分子，语音语调也应为如此。此外，刘烨、韩庚皆因东北籍而语言特征与北京有融通之处，李立群祖籍河南但母亲为北京人，并长居台湾受国语体系熏陶，语言民俗基础具备一定条件。这种电影创作者与观众对北京人声音形象定位转变的现象体现出创作者眼中北京人气质的统一性，也反映出北京演员从 90 年代开始在话剧领域与电视剧领域积极参与兴盛的"京味儿"创作，而电影界对"京味儿"的回顾早在 80 年代中期即基本结束。90年代开始电影人积极纳入到北京现代性的探讨而远离地域文化特色的挖掘。电影界对北京气息的遗忘速度很快，《阳光灿烂的日子》（1993）回忆的是北京大院文化，而胡同文化的回忆案例皆很失败。山东籍演员黄渤和吉林籍音乐人雪村在 2006 年《新街口》中饰演"70 后"胡同青年，如果说这种现象可以解释为他们饰演角色的父辈是解放后进北京的北京人，那么 2010 年黄渤又在《蛋炒饭》中担当北京胡同青年并且为御厨后代，这种角色定位原则上体现出演员与角色地理文化身份的错位。电影的回望式建构力图回忆七八十年代的时代特色与人群特征而忽略了其胡同故事背景的人文气质，因而人物与叙事背景脱节严重。

2000 年以后，电影对北京的建构无论成功还是失败，有意亦或无奈，方言普通话的现象都在电影中普及并且为观众接受。现实中"北京普通话"只是普通话普及过程中的一个极特殊案例，不同地域人群学习普通话的过程中出现了不同方言、口音的普通话现象。相比 90 年代以来方言电影层出不穷，普通话依然是电影用语的主流。不过随着 90 年代电影体制改革的不断深入、电影市场的放开，电影厂不是唯一的电影摄制机构，民营电影机构如雨后春笋般出现，这对中国电影起到了切实的促进作用。在电影人物声音形象方面，演员群体构成发生了极大转变，未经过专业培训的演员大量参与拍摄，于是方言普通话更多地呈现在电影中。并且，北京自 2000 年后其移民率逐年攀升，南腔北调现象普遍。从民俗学角度来看，民俗现象的稳定至少需要 70 年。北京正处于又一轮规模宏大的语言交融期，随着老城与其他区域间的壁垒被经济开放冲破，其文化变革不再存在区域差别，新北京人逐渐适应了这种形势，因而方言普通话在电影中出现时并未存在文化反差而引起异议。政治指向、经济发展对语言演变的影响可以从另一案例中探究一二。1997 年受亚洲金融危机波及香港电影的黄金年代消逝，大量香港电影工作者"北上"参与电影拍摄，甚至在近年来承接主旋律商业片，因而出现了著名的"港普"现象。这之前香港人只说广东话，除经商等关系外，极少主动说普通话。2001 年张艺谋以《英雄》开启"中国式大片"模式，启用了张曼玉、梁朝伟等香港演员和美籍华人甄子丹参演，虽然经过原声配音，但一些话语中还透露着些许"港音"余韵，这与张艺谋以往电影中因追求纪实感而要求演员完全使用方言出演《秋菊打官司》不同，也与《有话好好说》中李保田、姜文等的普通话与收废品人的陕西话之间的对比与差异追求不同，张艺谋导演在《英雄》中体现出人物声音形象方面的包容。"港普"与李连杰、章子怡的北京普通话和陈道明经过戏剧训练的标准普通话共同建构了走向世界的中国电影人物声音形象。港澳台胞与北京的关联性在电影中的展现并没有《英雄》（2001）这样早，北京在他们心目中的形象转变更多源于 2008 年北京奥运会的契机，这在电影中展现出来。舒淇 2001 年参演《北京乐与路》时饰演一个内地"北漂"，普通话中台湾腔调浓郁，自《非诚勿扰》（2008）始，舒淇的银幕声音形象逐渐发生转变，至《非诚勿扰 2》（2010）能感觉到舒淇努力在电影中说着"台普"，其台湾腔调比 2001 年时收敛许多，至 2011 年出演《不再让你孤单》时她饰演香港"北漂"，其"台普"＋"港普"＋儿化的发音方式明显。舒淇的声音形象并未在这些影片中给观众带来不适感，她语音的变化印证了王玲的调查与结论的准确性，为了在大陆获得长期发展，舒淇极力向北京靠拢，因而着意使自己的语音儿化，讲更为标准的普通话。她的语音变化还可证明观影群体的代际变换使得主要观影群体"90 后""00 后"适应这种语言方式。

北京音优秀的包容性基因正在新时代继续呈现特征，这与现实中政治、经济领域对北京国际化的追求直接相关，文化领域正在忽视一定的地域传统，但在建构新的"包容、创新、厚德"① 的北京声音形象，追逐国际化的北京。北京 2000 年以后的现代性面貌在语言范畴内产生了深刻影响，同时语言的包容性也建构着北京人的声音形象。

近代以来北京语言的变异现象背后是现代性的多层次影响，就改革开放时期来说，电影人物语言建构有些受到西方语汇与文化优势地位的直接影响，有的影响则比较隐性，是近代以来北京话变异过程的总体积累结果。北京语言的发展进程一直呈现着现代性特征，即当下性、即时性与变化性，历史上这是多民族混合的都城所客观存在的，而现在北京的国际化与全球化进程更将语言现代性推向极致，网络流行语每年都有变化。在语言层面，北京语言在现代性追逐的道路上前行。

---

① 2011 年北京市公布城市精神，即"北京精神"——爱国、创新、包容、厚德，是世界城市建设的重要部分。

结　语

　　北京、电影与声音从中国电影诞生之日便结下不解之缘。在中国历史和中国电影史中都极为特殊的改革开放40年中，电影声音与北京之间形成阶段性建构的密切关系，北京是电影声音创作的文化土壤，同时电影人在对北京的向往与追逐中通过作品或直白或含蓄地表达着对这座城的观察、思考与情感。北京的现代化发展影响电影创作，电影在文化领域参与建构北京形象。

　　1978年以来，北京的复杂性与多面性可为北京历史之最。从晚清以来的北京变革角度来看，现代化是社会、文化发展的外部驱动因素，也是社会、文化延续的内在动力，北京既被动接受现代化影响，又自上而下主动追逐现代化。改革开放以来，北京面临前所未有的变革期，现代性的即时性更加明显，当代因素随时出现，引发文化再现与反思。在政策上决定对外开放的一刻，现代化的当代追逐就开始了。然而现实中的城与人却尚未完全做好准备，短暂的理想主义向往过后，人们发现在与老北京传统和社会主义传统接合之时，遇到问题的复杂度不能完全通过理想主义激情解决。于是，现代性冲撞从 20 世纪 80 年代中期开始成为常态，并且其面目随着现代化进程的不断推进与深入而时变时新。电影从 80 年代末的迷茫转为 90 年代开始的怀旧。在冲撞中，在精神怀旧中，人们却没有停止追逐，电影既展现这一复杂巨变又参与建构现实与精神世界。

1978 年以来所有文艺形式对北京建构具有艺术共性，既上承自晚清民国以来的传统脉络，又具有当代阶段性特征：第一，改革开放后电影对北京进行多元化建构，其建构体现时代内部的四个阶段性特征，很多创作者对北京采取反现代性的思考，90 年代后期开始逐渐融入国际化都市建构，北京的书写一直处于现代性的两面，追逐与批判是常态；第二，北京形象兼具传统与现代于一身，传统北京具有永恒的文化意义；第三，以世俗视角观察与建构；第四，新文化运动以来北京建构的人文主义传统，在 1978 年后重又接续，以人为本，挖掘和体现人性是新时期文化创作的基础和主体。创作者皆为人物注入创作者的"当代"（此处，"当代"的含义为当下，不同时代有不同时代的"当下"，英文原词为"contemporary"）精神特质；第五，创作者吸取西方艺术理念并付诸实践与表达，但成熟的、成功的北京建构作品大部分皆为东方思想观念融合西方观念与理念，表达形式与技巧表现为"洋为中用或中西结合"，其主题内容传承、面对和表达着中国内涵与气质。

电影声音建构与影像表达共同展现出现代性的两面。而它又有独特性，无论是展现还是思考冲撞，抑或是表达怀旧，它经常呈现出不经由影像直接表现的内涵，它的态度或比影像更冲动或更保守，电影人或用它直抒胸臆，或用它直接或间接地达成隐喻目的，情怀也无法脱离声音而抒发。优秀电影其文化底蕴通过电影声音展露，而成绩欠佳的电影更依靠电影声音来补救剧本、影像与剪辑等方面的缺失。作为文化现象的电影声音创作不论优劣皆有作为，既在同一变革阶段中于多部影片中展露相似性，也具有个体影片局部处理的独特性，还能体现出不同变革阶段的差异性。

1978年以来中国电影声音对北京的建构忠实地实践着现实主义的创作路线，至2018年关于北京的电影声音创作少有天马行空的遐想，部分影片寄托对北京的忧思与畅想，这与北京的整体艺术形象直接关联：在中国电影人眼中，北京的总体形象是复杂、深沉、充满变化、厚重、后滞但饱含感情、人群聚集的城市，与它的现实际遇基本相同。北京是中国城市多样性的集中体现，集乡村、城市、都市、首都形象与功能于一身。此外，电影声音创作者即便使用象征手法，即便展露"后现代"观念与手法，其创作素材也来源于北京的世俗环境，可以说电影声音对北京进行了世俗勾勒。

中国电影人在40年来电影声音设计理念中对人性的挖掘以及对现代电影意识的贯彻建构出一个鲜活的、并未与传统割裂却时时更新的北京。这其中，2000年以后北京的地域文化特色逐渐在电影中淡化，兼具首都功能的现代北京向国际化都市的迈进过程经由电影建构，然而以老城区为代表的传统北京为人们留下历久弥新的精神家园。无论是首都还是区域概念的北京，早已与文艺创作融为一体。传统北京的声音，如鸽哨声依然在精神家园中飘荡。现代北京的声音，如火车声、汽车声以及北京普通话极具时代特征与现代性特征，影视音乐时而昂扬时而怀旧，有些则在流行与时尚中隐含或夹杂怀旧情绪。

近十年，声音层面的北京建构趋向于国际化的追逐，新北京更加靓丽、洁净、年轻，北京似乎在经历一个多世纪的苦痛后达到了抗拒自然衰变的新阶段。古老的灰墙灰瓦在物质极大丰富之后面貌一新，故宫、胡同、四合院的老城区气质并未与时代脱节，而成为新北京建构的一部分，重新焕发了活力。居住于新北京的人们焕发着奋斗、前进的活力感，但感情、心态表达方面似乎还欠缺一些平和，希望下一个发展阶段这种美好愿景会更多地展现在艺术作品中！

参考文献

著 作

［1］洪深 . 电影术语词典 [M]. 上海：天马书店，1935.

［2］北京市社会科学院 . 今日北京 [M]. 北京：北京燕山出版社，1986.

［3］姚蜀平 . 现代化与文化的变迁 [M]. 西安：陕西科学技术出版社，1988.

［4］叶大兵，乌丙安主编 . 中国风俗辞典 [M]. 上海：上海辞书出版社，1990.

［5］赵园 . 北京：城与人 [M]. 北京：北京大学出版社，1991.

［6］姜德明 . 梦回北京：现代作家笔下的北京（1919—1949）[M]. 上海：生活·读书·新知三联书店，1992.

［7］黄大德，陆环主编 . 南国都市电影研究论集 [M]. 广州：中山大学出版社，1994.

［8］吕智敏 . 化俗为雅的艺术——京味小说特征论 [M]. 北京：中国和平出版社，1994.

［9］饶朔光，裴亚莉主编 . 新时期电影文化思潮 [M]. 北京：中国广播电视出版社，1997.

［10］陈晓云，陈育新 . 作为文化的影像——中国当代电影文化阐释 [M]. 北京：中国广播电视出版社，1999.

［11］杨远婴，潘桦，张专主编 .90 年代的"第五代" [M]. 北京广播

学院出版社，2000.

　［12］（美）李欧梵.上海摩登——一种新都市文化在中国（1930—1945）[M].北京：北京大学出版社，2001.

　［13］姚国强，孙欣主编.审美空间延伸与拓展——电影声音艺术理论 [M].北京：中国电影出版社，2002.

　［14］北京市地方志编纂委员会.北京志 [M].北京：北京出版社，2004.

　［15］陈泳超主编.中国民间文化的学术史关照 [M].哈尔滨：黑龙江人民出版社，2004.

　［16］陈平原，王德威编.北京：都市想象与文化记忆 [M].北京：北京大学出版社，2005.

　［17］钱世明.诗文北京 [M].北京：旅游教育出版社，2005.

　［18］吴小丽，徐甡民.九十年代中国电影论 [M].北京：文化艺术出版社，2005.

　［19］钟敬文主编.民俗学概论 [M].上海：上海文艺出版社，2006.

　［20］李秀实，贾德江主编.中国当代名家画集 [M].北京：北京工艺美术出版社，2006.

　［21］杨远婴.中国电影专业史研究：电影文化卷 [M].北京：中国电影出版社，2006.

　［22］齐如山.中国风俗丛谈 [M].沈阳：辽宁教育出版社，2006.

　［23］齐如山.北京三百六十行 [M].沈阳：辽宁教育出版社，2006.

　［24］杨东平.城市季风——北京和上海的文化精神 [M].北京：新星出版社，2006.

　［25］李孝悌.中国的城市生活 [M].北京：新星出版社，2006.

［26］张一玮.异质空间视野中的都市意象一种对九十年代以来中国电影中"都市空间呈现"的研究 [M].北京：中国戏剧出版社，2007.

［27］袁懋栓主编.北京历史文化研究：北京风俗史研究 [M].北京：北京燕山出版社，2007.

［28］段柄仁主编.北京胡同志（上）[M].北京：北京出版社，2007.

［29］段柄仁主编.北京胡同志（下）[M].北京：北京出版社，2007.

［30］彭吉象主编.中国艺术学 [M].北京：北京大学出版社，2007.

［31］孙立平.断裂：20 世纪 90 年代以来的中国社会 [M].北京：社会科学文献出版社，2007.

［32］陈晓云.电影城市：中国电影与城市文化 (1990—2007）[M].北京：中国电影出版社，2008.

［33］林语堂.大城北京 [M].西安：陕西师范大学出版社，2008.

［34］陶东风主编.当代中国文艺思潮与文化热点 [M].北京：北京大学出版社，2008.

［35］董健，胡星亮主编.中国当代戏剧史稿 [M].北京：中国戏剧出版社，2008.

［36］张仁忠.北京史（插图本）[M].北京：北京大学出版社，2009.

［37］葛涛.唱片与近代上海生活 [M].上海：上海辞书出版社，2009.

［38］路春艳.中国电影中的城市想象与文化表达 [M].北京：北京师范大学出版社，2010.

［39］王海洲等.城市、历史、身份：香港电影研究 [M].北京：中国电影出版社，2010.

［40］张阿利.新世纪新十年：中国影视文化的形势.格局与趋势——中国高校影视学会第十三届年会暨第六届中国影视高层论坛论文集 [M].

北京：中国电影出版社，2010.

［41］老舍著，吴福辉选编. 骆驼祥子 [M]. 海口：南海出版公司，2010.

［42］丁亚平. 中国当代电影史 [M]. 北京：中国电影出版社，2011.

［43］康健民. 中国电影艺术报告 2011[M]. 北京：中国电影出版社，2011.

［44］陈刚. 上海南京路电影文化消费史（1896—1937）[M]. 北京：中国电影出版社，2011.

［45］蔡晓芳. "镜城"：电影中的北京记忆与想象（1980—2010）[M]. 北京：北京师范大学出版社，2011.

［46］孟子厚. 声景生态的史料方法与北京的声音 [M]. 北京：中国传媒大学出版社，2011.

［47］杨远婴主编. 北京香港：电影合拍十年回顾 [M]. 北京：中国电影出版社，2012.

［48］林海音著，沈继光摄. 城南旧事 [M] 北京：中国青年出版社，2012.

［49］陈晓云. 中国当代电影思潮与现象研究（1979—2009）[M]. 北京：中国电影出版社，2013.

［50］程文. 耦合与嬗变——21 世纪合拍片的繁荣与华语电影新形态 [M]. 北京：中国传媒大学出版社，2013.

［51］老舍著，王翔一编. 老舍五则：小说卷·戏剧卷 [M]. 合肥：安徽人民出版社，2013.

［52］李玥阳. 现代性的悖反——当代中国影视文化研究（2005—2012）[M]. 北京：人民出版社，2013.

〔53〕薛凤旋，刘欣葵 . 北京：由传统国都到中国式世界城市 [M]. 北京：社会科学文献出版社，2014.

〔54〕陈宝良 . 明代社会转型与文化变迁 [M]. 重庆：重庆大学出版社，2014.

〔55〕薛凤旋，刘欣葵 . 北京：由传统国都到中国式世界城市 [M]. 北京：社会科学文献出版社，2014.

〔56〕陈涛 . 底层再现：中国当代电影中的城市游民 [M]. 北京：中国戏剧出版社，2015.

〔57〕吴冠平主编 . 中国影史：历史叙述与文化表达 [M]. 北京：中国电影出版社，2015.

〔58〕尤静波著，李罡主编 . 中国流行音乐简史 [M]. 上海：上海音乐出版社，2015.

〔59〕陈犀禾 . 电影与都市：工业、美学、类型与文化 [M]. 北京：中国电影出版社，2015.

〔60〕王海洲 . 想象中国——二十世纪八十年代中国电影研究 [M]. 北京：中国电影出版社，2016.

〔61〕王一川 . 革命式改革——改革开放时代的电影文化修辞 [M]. 北京：中国电影出版社，2016.

〔62〕北京市方志馆编著 . 北京地情概览 [M]. 北京：科学出版社，2016.

〔63〕（美）保罗·亨利·朗著，杨燕迪等译 . 西方文明中的音乐 [M]. 贵阳：贵州人民出版社，2000.

〔64〕（美）马泰·卡林内斯库著，顾爱彬，李瑞华译 . 现代性的五副面孔 [M]. 北京 . 商务印书馆，2002.

［65］（法）伏尔泰著 . 风俗论 [M]. 北京：商务印书馆，2003.

［66］（法）科尔班著，王斌译 . 大地的钟声——19 世纪法国乡村的音响状况和感官文化 [M]. 桂林：广西师范大学出版社，2003.

［67］（美）阿诺德·伯林特著，张敏，周雨译 . 环境美学 [M]. 长沙：湖南科学技术出版社，2006.

［68］（英）路易斯·格蕾编，颜峻译 . 都市发声：城市·声音环境 [M]. 北京：世纪文景集团，2007.

［69］（美）张英进 . 中国现代文学与电影中的城市：空间、时间与性别构形 [M]. 南京：江苏人民出版社，2007.

［70］（日）中野江汉著，韩秋韵译 . 北京繁昌记 [M]. 北京：北京联合出版公司，2007.

［71］（美）傅葆石 . 双城故事：中国早期电影的文化政治 [M]. 北京：北京大学出版社，2008.

［72］（法）马克·费罗著，彭姝祎译 . 电影和历史 [M]. 北京：北京大学出版社，2008.

［73］（美）孙绍谊 . 想象的城市：文学、电影和视觉上海（1927—1937）[M]. 上海：复旦大学出版社，2009.

［74］（美）张英进 . 民国时期的上海电影与城市文化 [M]. 北京：北京大学出版社，2011.

［75］（美）张真著，沙丹，赵晓兰，高丹译 . 银幕艳史：都市文化和上海电影 1896—1937[M]. 上海：上海书店出版社，2012.

［76］（美）张真编 . 城市一代：世纪之交的中国电影与社会 [M]. 上海：复旦大学出版社，2013.

［77］（美）杰依·贝克，托尼·格拉杰 . 放低话筒杆：电影声音批评

[M].北京：中国电影出版社，2013.

［78］（美）劳伦斯·格罗斯伯格等著，祁林译.媒介建构：流行文化中的大众媒介[M].南京：南京大学出版社，2014.

［79］Barbara Mennel.*Cities and Cinema*[M].Routledge，2008.

［80］Tom Whittaker and Sarah Wright.*Locating The Voice in Film*：*Critical Approaches and Global Practices*[M]New Yor.Oxford University Press，2017.

期刊论文

［1］周恩来.在文艺工作座谈会和故事片创作会议上的讲话（1961年6月19日）[J].山花,1979（2）.

［2］汤晓丹，桑弧，沈寂，姚国华，唐乃祥，边震遐，周斌，钱晓茹，边善基.城市电影大有可为——本刊编辑部召开"城市电影"研讨会[J].电影新作，1988（6）.

［3］吴厚信.论珠影都市电影[J].当代电影，1989（1）.

［4］汪晖.当代电影中的乡土与都市：寻找历史的解释与生命的归宿[J].电影艺术,1989（2）.

［5］田志刚.南国吹来都市的风——珠影"都市电影"窥探[J].电影评介,1989（4）.

［6］尹力.我的九月：发现生活的真善美[J].电影艺术，1991（3）.

［7］习五一.民国时期北京社会风俗的变迁[J].北京社会科学,1993(1).

［8］张波.论京派文学图景中"北京形象"的生成[J].电影评介，1993（9）.

［9］汪晖.从容不迫的真情流露——90 年代初期中国城市电影印象 [J]. 电影评介，1993（19）.

［10］费孝通，任继愈，周有光，陈来，苏双碧，袁行霈，李申，陶大镛.传统文化·改革开放·世界新格局 [J]. 群言，1994（2）.

［11］李家珉.葛优还要加把劲 [J]. 当代电视，1995（1）.

［12］沈芸.关于《找乐》和《民警故事》与宁瀛的访谈 [J]. 当代电影，1996（3）.

［13］郑洞天.成长的烦恼——城市电影心路扫描 .[J]. 当代电影，1997（4）.

［14］吴冠平.影像城市——对几部 90 年代中期城市电影的阅读 [J]，当代电影，1997（4）.

［15］陈吉德.试论中国现代都市电影的特质与流变 [J]. 艺术广角，1998（1）.

［16］王群.面对现代文明的思考——新时期都市电影创作探讨 [J]. 当代电影，1999（5）.

［17］郭培筠.论都市电影的发展与流变 [J]. 内蒙古师大学报（哲学社会科学版），1999（5）.

［18］李道新.中国早期电影里的都市形象及其文化含义 [J]. 首都师范大学学报（社会科学版），1999（6）.

［19］陈晓云.中国当代城市电影的观念冲突 [J]. 戏剧艺术，2000（1）.

［20］诸天寅.老舍作品中的北京风俗 [J]. 北京联合大学学报，2000（1）.

［21］晓冀."新城市电影"浮出水面 [J]. 大众电影，2000（4）.

［22］张燕.九十年代中国银幕的都市意象 [J]. 电影创作，2001（1）.

〔23〕孙郁.鲁迅眼里的北京 [J].鲁迅研究月刊，2001（7）.

〔24〕高力.都市之境的聚合与破碎——新时期城市电影的内涵拓展与审美嬗变 [J].西南民族学院学报（哲学社会科学版），2002（S4）.

〔25〕贺桂梅.九十年代小说中的北京记忆 [J].读书，2004（1）.

〔26〕楚卫华.叙事的创造与受众的接受——论中国都市电影的叙事特质 [J].唐都学刊，2004（2）.

〔27〕贺桂梅.20世纪八九十年代的京味小说 [J].北京社会科学，2004（3）.

〔28〕陆绍阳.新城市电影影像特征 [J].电影艺术，2004（5）.

〔29〕楚卫华.论中国都市电影发展历程 [J].电影艺术，2004（5）.

〔30〕王海洲.视点及其文化意义：当代中国城市电影研究 [J].电影艺术，2005（2）.

〔31〕赵波平，徐素敏，殷广涛.历史文化街区的胡同宽度研究 [J].城市交通，2005（3）.

〔32〕陈智勇.先秦时期的听觉文化 [J].殷都学刊，2005（3）.

〔33〕楚卫华.2000—2004中国都市电影创作状况分析 [J].中国青年政治学院学报，2005（4）.

〔34〕刘海波.城市、电影与现代性——从孙瑜电影看多重吊诡下的早期上海电影 [J].电影新作，2005（4）.

〔35〕田艺苗.城市的乡村记忆——苏聪的两部电影配乐 [J].人民音乐，2005（5）.

〔36〕姜异新.徘徊于文本内外的"现代性"——北京时期的鲁迅与鲁迅的文学 [J].鲁迅研究月刊，2005（7）.

〔37〕马小红.新城市规划下的北京市迁移流动人口 [J].中国人口科

学，2005（12）.

［38］林少雄，张英进.城市的影像与影像的城市——美籍华裔学者张英进教授访谈[J].当代电影，2006（2）.

［39］鲁晓鹏.21世纪汉语电影中的方言和现代性[J].上海大学学报（社会科学版），2006（4）.

［40］陈晓云.1979—2005年中国城市电影研究综述——兼及电影研究思维与批评方法的反思[J].浙江师范大学学报，2006（6）.

［41］肖显宝.语言变异的社会心理成因探微[J].长春理工大学学报（社会科学版），2006（9）.

［42］王卫平，刘栋.现代都市小说中的北京想象——以老舍、沈从文、张恨水的创作为中心[J].北方论丛，2007（1）.

［43］华新民.我的爷爷奶奶和写在无量大人胡同一代的北京近代风俗史[J].艺术评论，2007（2）.

［44］李楠，冯斐菲，汤羽扬.北京旧城胡同现状调研报告（2005—2006年）[J].北京规划建设，2007（4）.

［45］张一玮.都市意象与当代电影的都市呈现[J].衡水学院学报，2007（4）.

［46］刘大先.作为文化想象的北京：老舍笔下的北京意象[J].东岳论丛，2007（5）.

［47］董明，陈品祥.基于GIS技术的北京旧城胡同现状与历史变迁研究[J].测绘通报，2007（5）.

［48］陈晓云.街道、漫游者、城市空间及文化想象[J].当代电影，2007（6）.

［49］龚奎林.游走于精神的边缘和欲望沟壑之间——论新都市电影

的生成语境和符号语征 [J]. 电影文学, 2007（10）.

［50］王轶之. 平凡中的幽默——浅析陈佩斯喜剧语言的创作风格 [J]. 电影文学, 2007（24）.

［51］童玉芬. 奥运活动对北京市流动人口影响的定性定量分析 [J]. 人口研究, 2008（1）.

［52］温卫东. 北京改革开放历史进程简述 [J]. 北京党史, 2008（1）.

［53］李道新. 都市功能的转换与电影生态的变迁———以北京影业为中心的历史、文化研究 [J]. 文艺研究, 2008（3）.

［54］金丹元, 徐文明.1990年代以来中国电影"方言化现象"解析 [J]. 戏剧艺术, 2008（4）.

［55］曾一果. 传统与变迁: 新时期小说中的"北京形象" [J]. 扬子江评论, 2008（6）.

［56］陈晓云. 电影城市: 当代中国电影的城市想象 [J]. 当代电影, 2008（12）.

［57］楚卫华. 都市与乡村的对立——中国都市电影文化分析 [J]. 电影文学, 2008（23）.

［58］愚人. 脍炙人口的 N 句电影流行语 [J]. 甲壳虫, 2008（Z1）.

［59］吴小丽. 中国当代城市电影: 历史的性格决定命运 [J]. 上海大学学报（社会科学版）, 2009（1）.

［60］张杰. 鸦片战争前满族风俗习惯的变迁 [J]. 沈阳故宫博物院院刊, 2009（2）.

［61］路春艳. 影像中的记忆——20 世纪 80 年代末以来电影中的北京 [J]. 北京社会科学, 2009（5）.

［62］张鸿声. 文学中的"新北京"城市形象 [J]. 扬子江评论,2009（5）.

［63］李君甫.北京的住房政策变迁及经验教训 [J].改革与战略，2009（8）.

［64］谢蕾蕾，宋志刚.北京市流动人口总量和分布结构特征研究 [J].数据，2009（10）.

［65］楚卫华.人与都市的冲突与融合——中国都市电影文化分析 [J].电影评介，2009（19）.

［66］陈琛.通信60年的变化是每个人都能体验到的钱晋群访谈录 [J].通信世界，2009（37）.

［67］孔艳.北京风俗变迁及其社会影响 [J].商业文化（学术版），2010（6）.

［68］赵学佳.邱华栋笔下的北京形象 [J].宜宾学院学报，2010（8）.

［69］俞可平.新移民运动、公民身份与制度变迁：对改革开放以来大规模农民工进城的一种政治学解释 [J].新华文摘，2010（10）.

［70］马沙.都市·电影·中国电影：三者之间互动关系的研究——第12期"电影学博士论坛"综述 [J].当代电影，2010（12）.

［71］阎冬妮.城市灵与肉——探寻台湾80、90年代作者电影中的台北形象 [J].电影评介,2010（15）.

［72］赵伟.世界城市建设中的地域文化元素 [J].北京规划建设，2011（1）.

［73］龚瑶.后九七香港电影中的北京——空间与身份的边缘化 [J].北京电影学院学报，2011（3）.

［74］汪振城.80年代中国电影对城市文化的艺术呈现 [J].当代电影，2011（3）.

［75］李素琴.中国新一轮城市化进程中的制约因素分析——基于社

会阶层视角 [J]. 现代经济探讨，2011（4）.

［76］张书端. 新时期以来中国都市电影中都市地位和作用的演变 [J]. 唐都学刊，2011（4）.

［77］刘云，王金花. 清末民初京味儿小说家蔡友梅生平及著作考述 [J]. 北京社会科学，2011（4）.

［78］王敦. 流动在文化空间里的听觉——历史性和社会性 [J]. 文艺研究，2011（5）.

［79］杨震. 当代听觉文化的现状与问题 [J]. 学术论坛，2011（11）.

［80］王煦. 国民政府"繁荣北平"活动初探 [J]. 民国研究,2012（1）.

［81］王敦. 听觉文化研究: 为文化研究添加"音轨"[J]. 学术研究，2012（2）.

［82］孟君. 时空弥合和空间转向——中国城市电影的空间叙事分析 [J]. 文艺评论，2012（7）.

［83］刘兴福，杜剑锋. 影像中的北京文化解析 [J]. 新闻爱好者，2012（20）.

［84］张惠苑. 跌落在世俗中的传奇——论 1980 年代以来怀旧视阈下的北京书写 [J]. 人文杂志，2013（1）.

［85］李晓灵，王晓梅. 历史性建构和全球化想象——当代中国电影中的北京形象 [J]. 北京电影学院学报，2013（2）.

［86］郑以然. 从王朔小说看"大院北京"——现实与文本中的文化空间 [J]. 中国现代文学研究丛刊，2013（6）.

［87］姜燕. 城市中的声音与影视创作 [J]. 现代传播（中国传媒大学学报），2013（11）.

［88］林黎. 城市"潜影"——"十七年"电影中城市表征 [J]. 当代电影,

2013（12）.

［89］万传法.“十七年”电影中的上海城市想象及现代性研究 [J].
当代电影，2014（1）.

［90］董晓霞.从空间到时间的北京想象与追忆——论冯唐的“万物
生长三部曲”[J].天水师范学院学报，2014（1）.

［91］梅新林，纪兰香.论《孽海花》中的上海——北京都市书写及
其文化意蕴 [J].明清小说研究，2014（1）.

［92］胡洪春.历史更迭与文化记忆中的北京——清末民初京味儿小
说中的北京书写 [J].焦作师范高等专科学校学报，2014（1）.

［93］田鑫.北京话中的文化因素分析 [J].广播电视大学学报（哲学
社会科学版），2014（2）.

［94］赵宜.类型集合、“新的都市一代”还是“新的都市”电影？——
“新都市电影”概念梳理与辨析 [J].电影新作，2014（2）.

［95］林进桃.消费主义视阈下的中产阶级想象——论新都市电影的
物欲狂欢与精神缺失 [J].电影新作，2014（2）.

［96］杜剑锋.西方影片中北京城市形象的塑造与传播 [J].当代传播，
2014（2）.

［97］刘勇，张弛.中国现代作家笔下北京形象的嬗变 [J].北京科技
大学学报（社会科学版），2014（2）.

［98］王玲.身份认同与儿化使用 [J].暨南学报（哲学社会科学版），
2014（3）.

［99］游溪.从“第六代”的灰色记忆到“新都市”的粉色幻想——
兼设对当下新都市电影的反思及展望 [J].当代电影，2014（4）.

［100］张勃.蜕变中的城市——从《北京风俗问答》看 20 世纪初期

北京城市现代化 [J]. 北京联合大学学报（人文社会科学版），2014（4）．

［101］陈亦水．到神都洛阳六百里——论新都市电影的都市空间极其话语转向 [J]. 当代电影，2014（4）．

［102］赵立诺，龚自强．走向城市深处的命名——从都市电影到新都市电影的嬗变 [J]. 当代电影，2014（4）．

［103］陈功．华语电影中的都市：历史·作者·美学·工业——第18期"电影学博士论坛综述" [J]. 当代电影，2014（4）．

［104］马希雯．想象与镜像：香港电影对澳门形象的建构 [J]. 新闻春秋，2014（4）．

［105］徐勇．20世纪80年代城市电影中的空间呈现和文化政治 [J]. 当代电影，2014（4）．

［106］张书端．论"十七年"电影中城市空间的再现方式 [J]. 电影新作，2014（5）．

［107］李晓灵，王晓梅．空间生产和身体言说：中国电影的上海城市想象和建构 [J]. 兰州大学学报（社会科学版），2014（6）．

［108］季剑青．过眼繁华：张恨水的北京叙事——从《春明外史》到《啼笑因缘》[J]. 文艺争鸣，2014（8）．

［109］朱露凝．浅谈"声音景观"理论对城市声音与影视创作的影响 [J]. 戏剧之家，2014（11）．

［110］张成良，于海飞．视觉思维下城市电影的审美价值探究 [J]. 当代电影，2014（11）．

［111］陆涛．文化传播中的听觉转向与听觉文化研究 [J]. 中州学刊，2014（12）．

［112］辛西生．北京城里说胡同且行且珍惜 [N]. 中国青年报，2014（12）．

［113］辛酉生.比较最好的北京话 [N].中国青年报，2014（12）.

［114］齐大之.论近代北京商业的特点 [J].商业文化，2014（27）.

［115］林春成，王晓明.新时期城市化与城市电影的身份认同 [J].上海大学学报（社会科学版），2015（2）.

［116］钱春莲，邱宝林.历史与影像 的双面重合——20 世纪 30 年代中国电影中的上海都市空间研究（1930—1937）[J].当代电影，2015（10）.

［117］熊媛媛.声音城市新媒体装置艺术：城市声音地图——重庆城市声音的记录与传承 [J].西部广播电视，2015（11）.

［118］张婉婷.中国电影对北京城市形象的建构 [J].青年记者，2015(11).

［119］刘一达.北京"说话"老规矩 [J].月读，2015（11）.

［120］张先永.歌曲《小苹果》流行现象分析 [J].当代音乐，2015(12).

［121］姜慧.论中国戏曲的大众艺术本质 [J].中州学刊，2015.（12）.

［122］王敦."声音"和"听觉"孰为重——听觉文化研究的建构 [J].学术研究，2015（12）.

［123］刘嵘.听觉——新时期底层社会音乐文化的特点与反思 [J].艺术评论，2015（12）.

［124］曾斌，易丽君.重返"听觉"：听觉研究中的众声协奏——"听觉与文化"学术研讨会综述 [J].江西师范大学学报（哲学社会科学版），2016（2）.

［125］汪黎黎.都市现代性的视觉律动——中国当代电影的"流动感"营构 [J].现代传播（中国传媒大学学报），2016（3）.

［126］韩玉华.普通话语音研究百年 [J].语言战略研究，2016（4）.

［127］隋欣.新媒介环境听觉文化复兴的可能 [J].当代传播，2016(4).

［128］刘士林.城市声音———一种新的城市史与城市文化研究[J].天津社会科学，2016（5）.

［129］刘亚律.叙事文化的听觉之维[J].江西社会科学，2016（8）.

［130］林玮.向内转：新世纪以来中国城市电影的空间批判[J].当代电影，2016（9）.

［131］王敦.都市文化空间的听觉性问题[J].文艺争鸣，2016（10）.

［132］吴亚丹.当代中国电影与传统上海想象[J].电影文学，2016（12）.

［133］黄鹏.新时期桑弧电影上海想象中的城市形象2016年[J].当代电影，2016（12）.

［134］滕亚丽.《老炮儿》的京味儿电影艺术空间[J].电影文学，2017（1）.

［135］王姗姗，傅永军.城市历史文化记忆的生成与当代价值构建———济南历史建筑的哲学诠释学解读[J].民俗研究，2017（1）.

［136］杨志刚，马贞维.中式吉他的提出背景及发展初探[J].民族音乐，2017（2）.

［137］衣凤翱.新中国前十七年电影中的上海影像[J].齐鲁艺苑，2017（2）.

［138］钟大丰.论"十七年"电影里上海都市文化形象的变迁——从《我们的夫妇之间》到《年青的一代》[J].当代电影，2017（6）.

［139］赵轩.景观、风物与怀旧式想象——论南京民国城市影像的当代塑造[J].江汉学术，2017（6）.

［140］顾彦秋.徐则臣笔下的"北京"与"都市边缘人"形象——以系列长篇《新北京I：天上人间》为例[J].北方文学（下旬），2017（7）.

［141］姜涛.清朝疏解北京人口：鼓励退休官员回原籍养老 [J]. 决策探索，2017（9）.

［142］王千一.电影《老炮儿》中六爷的身份错位与时代隐喻 [J]. 文艺评论，2017（11）.

［143］徐文龙，张婷婷.京都漫谈之大院儿杂谈 [J]. 投资北京，2017（12）.

［144］石蕾.论本世纪中国城市电影声音的时代色彩 [J]. 当代电影，2017（12）.

［145］邱慧婷，王岩.论铁凝小说中"北京"意象的身体化 [J]. 教育观察（上半月），2017（17）.

［146］汪黎黎.引申的时间——当代上海电影中的未来想象 [J]. 电影文学，2017（21）.

［147］董茳桐.近年来京味话剧中的北京故园形象浅析 [J]. 东方艺术，2017（23）.

［148］孙烨，谷文静，张倩倩.北京四合院地域文化特征及个性化可持续发展研究 [J]. 住宅与房地产，2017（35）.

［149］李牧.被遗忘的声音：关于听觉民俗、听觉遗产研究的构想 [J]. 文化遗产，2018（1）.

［150］曾一果，颜欢.全球化语境下新都市电影的"城市想象" [J]. 文化研究，2018（2）.

［151］曹然.论北京方言的形成、特点和保护 [J]. 泰州职业技术学院学报，2018（2）.

［152］姚远.电影中的城市声音记忆——以《压岁钱》为例 [J]. 文化学刊，2018（2）.

［153］宋晓敏.城市现代化视角中的城市记忆符号——以唐山市工业文化为例 [J].城市发展研究，2018（3）.

［154］萧冬连.国门是如何打开的——中国对外开放的起步过程 [J].中共党史研究，2018（4）.

［155］王一川.改革开放 40 年电影中的城市记忆——以北京城市影像模式变迁为例 [J].电影艺术，2018（5）.

［156］王一波.清末民初旗人小说中的北京形象 [J].北方民族大学学报（哲学社会科学版），2018（5）.

［157］王晓珏.电影、收音机与市声——张爱玲与声音景观 [J].中国现代文学研究丛刊，2018（6）.

［158］赵晓.改革开放 40 年来中国都市电影创作嬗变 [J].电影评介，2018（20）.

［159］杨致.远中国城市影像的当代演进及书写——论新时期以来西安电影制片厂的城市电影 [J].艺术百家，2019（1）.

［160］张晓月.初写与还原：技术变革中的中国电影声音艺术史迹（1905—1949）[J].北京电影学院学报，2019（1）.

［161］陆艳清.形巧意深、臻于妙境——吴冠中绘画作品《故宫》之审美解读 [J].艺术研究，2019（3）.

［162］徐兆正.林语堂的三重身份 [J].读书，2019（7）.

［163］陶花.中国花鸟画的现代性 [J].美术教育研究，2019（13）.

［164］（美）XIAOBING TANG.Configuring the Modern Space:Cinematic Representataion of Beijing and Its Politics[J].EAST WEST FILM JOURNAL,1994（VOLUME8.NUMBER2）.

［165］（美）张真.废墟上的建构：新都市电影探索 [J].山花,2003(3).

［166］（美）张英进.中国城市电影的文化消失与文化重写的方式 [J].
电影艺术，2004（4）.

［167］（美）张英进.西方学界的中国电影研究方法选评 [J].北京电
影学院学报，2004（5）.

［168］（美）张真.亲历见证：社会转型期的中国都市电影 [J].上海
大学学报（社会科学版），2009（4）.

［169］（美）张英进，柳迪善译.重绘北京地图：多重地点性、全球
化与中国电影 [J].建筑与文化，2011（1）.

［170］论坛编委会.北京精神：构建精神家园 提升文化软实力——
第五届北京中青年社科理论人才"百人工程"学者论坛 [C].北京市社会
科学界联合会会议论文集，2011.

［171］汪景然.产业化以来类型电影新探索 [N].中国电影报，2010
（18）.

［172］华新民.法国诗人和老北京 [N].人民日报，2000 年 07 月 08
日（第八版）.

学位论文

［1］李若真.影像上海——城市的双向书写 [D].复旦大学，2001.

［2］张康庄.近 20 年来大陆城市电影中的城市形象及其叙述方式 [D].
暨南大学，2001.

［3］郑润良.影像都市——论"新都市电影"的"都市"想象及现
代性选择 [D].福建师范大学，2001.

［4］杨斌.消费文化与中国 20 世纪 90 年代美术 [D].首都师范大学，

2004.

［5］张婉婷.二十世纪九十年代以来中国大陆电影中"北京"城市影像与文化表达 [D].河南大学，2004.

［6］王思琦.1878—2013 年间中国城市流行音乐发展和社会文化环境互动关系研究 [D].福建师范大学，2005.

［7］田中华.论 90 年代后小说中的北京书写 [D].扬州大学，2005.

［8］宋冰.九十年代以来小说中的城市书写与想象——以北京和上海为例 [D].山东师范大学，2007.

［9］王鹏.当代京味小说的怀旧视野与北京记忆 [D].吉林大学，2007.

［10］黄莉莉.映像·影像·印象——90 年代以来的中国城市影像意象叙述 [D].四川大学，2007.

［11］方玲玲.媒介之城——媒介地理学视野下的空间想象力与城市景观 [D].浙江大学，2007.

［12］武施乐.论现代文学中的北京形象——以四合院与北大为中心 [D].湖南大学，2008.

［13］宋菊梅.雅俗视域中的北京想象——以张恨水、老舍、林语堂为中心 [D].西北师范大学，2008.

［14］张芳.1930 年代文学视野中的北京形象 [D].郑州大学，2008.

［15］叶凌雯.20 世纪 90 年代以来的北京书写——以王朔、邱华栋、徐坤为例 [D].厦门大学，2008.

［16］李英.20 世纪 90 年代以来中国城市电影浅析 [D].北京师范大学，2008.

［17］张满锋.影像城市——20 世纪 80、90 年代中国城市电影研究 [D].山东大学，2008.

［18］任宁.影像都市——中国大陆电影中的城市（1949—1966）[D].上海戏剧学院，2008.

［19］张胜群.文化叙事中的北京想象——以京味小说为例 [D].河南大学，2009.

［20］赵国伟.光影流溢的城市——新时期大陆城市电影探析 [D].曲阜师范大学，2009.

［21］任明.电影、城市与公共性：以1949—2009上海城市电影的生产与消费为中心 [D].华东师范大学，2010.

［22］李娟.初探城市声景设计中民俗声的运用 [D].南京林业大学，2010.

［23］吴榕.影像文本中的成都城市形象的建构与传播策略研究 [D].电子科技大学，2011.

［24］李静.北京城市电影（1988—2011）中都市人的精神危机 [D].上海师范大学，2011.

［25］郭瑞芳.现代北京"文学形象"的审美研究——以1990年代后的小说为例 [D].首都师范大学，2012.

［26］赵学佳.现代作家的北京想象与经验表达 [D].首都师范大学，2012.

［27］张书端.改革开放以来中国电影中的上海想象 [D].上海大学院，2012.

［28］周岩.现代转型中的城市想象——以新时期中国城市题材电影为分析对象 [D].浙江大学，2013.

［29］马丽.台湾高雄电影的城市呈现研究（2003—2012）[D].广西大学，2013.

［30］张咏絮 . "上海意象" 的影像表达——沪港电影比较研究的一个角度 [D]. 福建师范大学，2013.

［31］葛翔 . 消费时代的都市影像 [D]. 福建师范大学，2013.

［32］占迪 . 新时期以来中国都市电影研究 [D]. 吉林大学，2014.

［33］陈雨露 . "城乡结合部"：当代中国新生代导演影像中的精神空间 [D]. 华东师范大学，2014.

［34］范高培 . 新世纪以来中国 "新都市电影" 研究 [D]. 山东师范大学，2015.

［35］吕薨 . 电影声景—流动的城市文化 [D]. 华东师范大学，2015.

［36］刘程程 . 老舍文学世界中的北京形象 [D]. 沈阳师范大学，2015.

［37］于淼 . 汪曾祺小说中的北京叙事研究 [D]. 山西师范大学，2015.

［38］谭红梅 . 吴冠中油画艺术研究 [D]. 南京艺术学院，2015.

［39］张开封 .20 世纪两个时期（1927—1937，1979—1989）的美术运动之比较研究 [D]. 鲁迅美术学院，2015.

［40］王森 . 王玉平绘画中的观念与语言 [D]. 河北师范大学，2015.

［41］汪黎黎 . 当代中国电影的上海想象（1990—2013）——一种基于媒介地理学的考察 [D]. 南京大学，2015.

［42］原文泰 . 早期上海电影中的居住拥挤与都市文化呈现 [D]. 上海大学，2015.

［43］赵恒 . 严肃绅士喜剧——葛优表演艺术研究 [D]. 重庆：重庆大学，2016.

［44］龚雪 . 城市与电影——加拿大电影中的城市形象（第七章）翻译报告 [D]. 四川外国语大学，2016.

［45］颜欢 . "新都市电影" 的空间想象 [D]. 苏州大学，2016.

〔46〕刘一谨.表征与建构：中国早期电影的底层空间研究（1905—1937）[D].山西师范大学，2016.

〔47〕李梦雪.权力的空间——新时期以来中国电影历史影像中的皇宫空间分析 [D].山东师范大学，2016.

〔48〕张贝.新时期以来电影中京味符号下的北京形象研究 [D].南京师范大学，2017.

〔49〕李明.论新文学初期（1917—1927）的北京书写 [D].江苏师范大学，2017.

〔50〕赵丫雅.20世纪90年代中国电影中的北京城市形象 [D].四川师范大学，2017.

〔51〕唐瑶.城市文化与空间想象——中国电影北京形象研究（1979—2015）[D].北京交通大学，2017.

〔52〕陈曼姣.“华莱坞”电影中的都市景观——以上海早期城市电影为例 [D].浙江大学，2017.

〔53〕朱晓蕊.陈佩斯喜剧创作研究 [D].陕西：西北大学，2017.

〔54〕郭彤.邱华栋小说的北京书写与城市症候 [D].河北师范大学，2017.

〔55〕李昕昕.漂流与镜像：空间理论视阈下的城市电影研究——以王小帅导演电影为例 [D].兰州大学，2017.

〔56〕安琪儿.1930年代左翼电影中的上海城市空间及其影像策略 [D].浙江大学，2018.

〔57〕邬腾.老舍和王朔小说创作异同论 [D].上海外国语大学，2018.

〔58〕张燕.当代歌词中“北京”意象的历史记忆与文化想象（1949—2017）[D].西南大学，2018.

［59］姚远.中国早期电影与声音现代性 [D].北京电影学院，2018.

［60］郭文.现当代城市题材山水画的研究 [D].哈尔滨师范大学，2019.

［61］JingWang.*Making and Unmaking Freedom:Sound,Affect and Beijing*[D]. University of Chicago,2012.

后　记

关于声音，还要继续学习、终身学习。

从北京电影学院声音学院本科入学至今已 20 年，这 20 年是我现有人生中最重要的经历。这本书可算作这 20 年学习历程的阶段性回顾。它的准备过程是一次全景沉浸式体验，在集中观看 100 多部北京题材影片的过程中，影片播放进程与近 40 年的个人人生的片段式回顾一起组成了极为震撼的复杂体验，使我更深入感受到故事片的魅力，也深为感佩这些电影前辈具备的敏锐、超前的眼界。很多电影令我泪流满面，很多电影令我感同身受，很多电影仿佛让我回到从前。最终，在写作过程中我终于明确了自己看待世界、理解世界的方法——声音（虽然有点后知后觉），最终找到了专业与人生的关联。

这本书从一个想法到最终实现更是一种巧合与幸运，这种大胆尝试得到许多师友的肯定与帮助。没有他们，就没有这本书。

最要感谢的是我的硕博士导师黄英侠教授 20 年来对我的教导和提携。黄英侠教授身体力行教会我如何做学问，他不求名利数十年如一日翻译国外专业论著，为中国电影录音界提供了先进的理论基础，无数学子和专业人士受益于他翻译的专业书籍。对于我个人，他无私地在人生的几次关键时刻都给予我绝对支持，使我从一个"小白"逐渐在专业道路和人生道路上找到自信。对于本书，第一章便是黄老师将多年经验赋予我的宏观眼界，顺着他指出的道路深入进行，使我在文献阅读和文本研读中不断找到研究的动力和自信。从而本书才有了理论深度和研究思路上的创新。没有黄老师，就没有这本书。

非常感激我的生长之地——北京，感谢养育我的父母所赋予我的成长环境与经历，为这次写作提供了浑厚、天然的基础与养分。

感谢甄钊教授对我研究的热忱帮助，许多具体的认知方法和研究方法，对北京的认识与感受是与甄老师坐在电脑前聊出来的。

感谢刘军老师、王雪辰老师、艾立民先生、任道远社长、王佳编辑对这本书出版的帮助。感谢声音学院领导和校友会领导对我学术研究的支持！

感谢所有学校同仁和朋友们对我的关心与帮助！

感谢我的家人对我的无私支持！

这本书献给所有与我在北京共同成长的亲人与朋友们！

张晓月

2021 年 8 月